図書館ノート

沖縄から「図書館の自由」を考える

山口真也
YAMAGUCHI Shinya

教育史料出版会

まえがき　沖縄で図書館学を教えるということ・司書を育てるということ

I

「人口一人当たりの○○○」を調べるとその地域の特徴がよくわかるという。

例えば、人口一人当たりのコンビニがたくさんある都道府県は、北海道、宮城県、富山県、茨城県と続くらしい。反対に、数が少ないのは奈良県、和歌山県、兵庫県、滋賀県と近畿地方の県が続いている。伝統的な個人商店で買い物をする習慣がある近畿地方では、コンビニの進出が遅れているのだそうだ。[1]

人口当たりの殺人事件の被害者数は、長野県が「〇・一七九人」と最も少なく、大阪府が「〇・五八三人」と最も多い（人口一〇万人当たり）。以前、長野県の講演会に呼ばれて、その冒頭で「長野って、安心・安全な県なんですね」と話したら、「山奥に死体が埋まっていて見つかっていないだけですよ」というブラックな返答もあって、あらまと思ったこともある。

ある時、気になってこんなデータを調べてみたことがあった。

大阪府と埼玉県が全国最高で「〇・八」、私が住んでいる沖縄県は長崎県と並んで全国最低の「〇・二」である。北海道は「〇・五」で、全国で見るとだいたい真ん中くらいである。単位は「台」。

これが何のデータかおわかりだろうか。

Ⅱ

私が、茨城県から沖縄県に大学教員になるためにやってきたのは一九九九年の春のことだから、この文章を書いている時点でもう一八年くらい前になる。沖縄にきて一番困ったことは、「坂道がやたらと多い」ということだった。

茨城に住んでいたころは、職場やショッピングセンター、図書館などへの移動はすべて自転車で事足りていたのだが、沖縄ではそうはいかない。「坂道」と言うと、海から山に向かって一方向に伸びていくものという勝手なイメージもあったのだが、沖縄の場合はそうではなく、アップダウンが延々と続く地形になっている。だから、自転車に乗っている時に、行きは坂道が多くてたいへんだけど、帰りは楽、というようなこともない。大学の近くには奈落に落ちていくような、傾斜が四〇度近くある、ジェットコースターのような坂道もある。それでも沖縄に来た当初は無理して自転車に乗って出勤していたのだが、私よりも先に自転車の方がギブアップしてしまって、チェーンが壊れてしまった。自動車の運転免許を持っていない私は、その後は徒歩とバスとタクシーの生活になっている。

実は冒頭で挙げた数値は、「人口一人当たりの自転車保有台数」である（社団法人自転車協会、二〇〇八年度調査より）。そう言われてみると、確かに沖縄ではびっくりするくらい自転車に乗っている人を見かけない。特に勤務大学の周辺はそうで、道端で自転車に乗っている人を見かけたら、「あ、今日はなにかいいことがあるかも」とウキウキするくらいである。中学生、高校生でも登下校の手段に自転車を使うことはほとんどないようだ。話を聞いてみると、「自転車に乗れない」という大学生も結構多いのである。

沖縄の地形がでこぼこなのは、「サンゴ礁が隆起してできた島だから」という話を聞いたことがある。だから、大きな山はないが、アップダウンが多くて、平らな場所が少ないのだという。しかし、そうは言っても、沖縄にだって平坦な土地がないわけではない。ではなぜ沖縄の人たちは、でこぼことした場所にわざわざ住んでいるのだろうか。

上空から見た宜野湾市（宜野湾市提供）

私は、沖縄本島中部にある「宜野湾《ぎのわん》市」に住んでいる。ご存知の方も多いと思うが、宜野湾市には大きな軍事基地がある。在日米軍の「普天間《ふてんま》基地」である。沖縄にはたくさんの基地があるが、そのなかには軍人やその家族が住む生活施設もある。遠くからしか見たことがないが、子どもたちが通う学校はもちろん、住宅やスーパー、映画館、ゴルフ場などもある。しかし、普天間基地はそうした基地施設とは違っていて、正式には「普天間飛行場」という施設だから、戦闘機の離着陸のために長い滑走路が必要である。滑走路はある程度、平坦な場所にしか作れない。普天間基地は宜野湾市の真ん中にドンとある。海沿いにも住宅地や商業施設があるのだが、こちらは埋立地である。つまり、沖縄の（宜野湾市の）人々は、何も好き好んででこぼこの場所に住んでいるわけではなくて、平らなところから追い出されて生活をしているとも言えるのである。

普天間基地と図書館の位置関係

基地が市の真ん中にあると、当然、いろいろな問題が生じる。騒音や墜落の危険性はもちろんだが、他にも、基地の下は水道管を通せないから、小さな市なのに、基地を取り囲むようにして、配水池・ポンプ場を何箇所も作らないといけない、という問題があったりする。

一一九番通報があっても、基地を横切って消防車が出動できないから、やはり基地を取り囲むように、本部の他に二か所も消防署の出張所が作られている。日常生活のなかでも、基地をはさんで向こう側の友人の家に行くのも大回りをしないといけないから、そのコストは相当なものである。

図書館も同じで、宜野湾市の市立図書館は市の端っこにあって、隣接する自治体との境界線ぎりぎりのところにある。開館（一九九一年）以前の資料を調べてみたところ、用地確保の難しさに加えて、基地の「航空機騒音の影響」が比較的小さいこともこの場所の選定理由だったようだ。[2]

町の中心地からも離れているし、海沿いの埋立地の辺りに住んでいる人にはかなりアクセスしづらい。運転免許を持っている大人なら問題はないかもしれないが、子どもの利用はかなり制限される。こんなところにも基地の影響がある。

Ⅳ

ここ数年、「世界一危険」と言われる普天間基地の移設問題がたびたびメディアを賑わせている。二〇一五年には辺野古地区への移設工事をめぐって国と県との法定闘争が起こっているし、二〇一二年には「オスプレイ配備反対」の声も広がった。二〇〇四年には、大型ヘリコプターが普天間基地に隣接する沖縄国際大学の図書館の屋上に接触し、制御不能になって、本館をかすめて墜落するという事故も起こっている。

沖縄国際大学は私が働いている大学である。大学は普天間基地とは道路をはさんですぐの場所にある。そして、基地移設問題が報道されるたびに、その危険性の象徴として大きく映し出されるのも沖縄国際大学である。二〇〇四年のヘリ墜落事故の、戦場のような映像もくり返し紹介される。「世界一危険な基地の隣にある、世界一危険な大学」ということだろう。

オスプレイの配備が問題になったころ、着任したばかりの本土出身のある先生が、連日のメディアでの報道を見て、「こんなに報道されたら受験生が減ってしまうのではないか」とかなり心配していたことがあった。そして、なぜか大学内にはそうした危機感がほとんどないことを彼は不思議がっていた。私立大学の入試は八月上旬から始まるのだが、彼の心配に反して、その年の志願者数はやはり大きく減ることはなかった。実は、二〇〇四年に大学にヘリが墜落した時も受験生は減少しなかった。メディアで基地の危険性が報道されたからといって、受験生が大きく減少するということはない。後日、その先生に会った時に、彼はこのことをとても不思議がっていた。

沖縄には普天間基地以外にも多数の基地がある。飛行ルートは必ずしも一定ではなく、基地から離れたところでも米軍機は飛んでくる。沖縄国際大学は地元の学生が九割以上を占めている。経済的事情から本土への進学は最初から選択肢に含まれない高校生も多い。「落ちるならどこにでも落ちる」「逃げ場がない」――そんな感覚で、沖縄の高校生はこの問題を見ているのかもしれない。そして、私もまた受験生が減ることはないだろうと高をくくっていた一人である。ベランダ越しに間近に見える基地と研究室を遮る防音用の二重ガラスは、その存在を忘れさせるのに十分な厚さである。

沖縄の若い世代にとって、米軍基地はもはや青い海、穏やかな気候と同じくらい、当たり前の沖縄の風景になっている、という指摘がある。沖縄の基地は、彼らが生まれる以前からそこにある「所与の現実」である。不明を恥じなければならないが、私を含めて多くの人々が日常化された暴力に慣れてしまっている。しかし、それはやはり異常な感覚である。

V

東日本大震災後、県内では原発問題と在日米軍基地の移設問題を重ねる論調をよく耳にするようになった。本来は危険極まりないものを、交付金や地元住民の雇用、公共事業などの美味しそうな「餌」とともに、経済基盤が脆弱な地方に押しつけるというやり方は、基地を抱える沖縄と原発立地地域に共通する構図だとする批判である。

その一方で、インターネットを見ると、原発の周囲に住む人々に対して、原発マネーの恩恵に浴し、補助金もさんざん貰っていたくせに、いざ事故が起こると大騒ぎをするのは節操がない、というような批判も目にする。原発反対と声を上げるのは「プロ市民」であり、地元住民は骨の髄まで原発利権のうまみをしゃぶりつくしているので、反対とは口が裂けても言わないのだ、という論調もある。

この論調は沖縄の基地問題に対しても同じである。私自身も、県外の研究会で、「危険な場所に補助金目当てで大学を建てて抗議するとは何様だ」ということを言われたことがある。沖縄国際大学は本土復帰（一九七二年）の直前に開学している。「復帰後は普天間基地は撤去される」という前提だったと伝え聞いているが[3]、そうした事情はなかなか理解してもらえない。二〇〇四年に大学に墜落した米軍ヘリには放射性物質である「ストロンチウム90」が搭載されており、放射能汚染の事実を隠すために事故現場の土が根こそぎ米軍によって持ち去られたという話もあった。驚くほどに、沖縄と福島、基地と原発の問題には共通点が多い。

「行政資料の中に『原発の問題点や危険性』について触れたものはひとつもない」

「一般図書では、結構、反原発、脱原発の本を入れている図書館は多い。それは「図書館の自由」の原則を踏まえた図書館としてのバランス感覚であろうが、反原発や脱原発などの小冊子、パンフやリーフレットなどはほとんどない」

「図書館は、はたして『正確で適切』な資料提供をおこなってきたのだろうか。『提供してきた』と胸をはって言える図書館員はただの一人も居ないであろう」

これは、長く公共図書館の現場で働いておられた西河内靖泰氏の著書『知をひらく』（青灯社）の冒頭の言葉である。[4]図書館は、資料の収集・提供を通じて、「知る自由」「知る権利」という基本的人権を保障するために存在する。「図書館の自由に関する宣言」というガイドラインでは、「多様な、対立する意見のある問題については、それぞれの観点に立つ資料を幅広く収集する」ことが掲げられている（日本図書館協会　一九五四年採択　一九七九年改訂）。西河内氏の言葉は、図書館界が「原発安全神話」に無意識に支配され、原発を批判したものも含めてバランスよく資料を集めなかったことへの内省を求めている。

沖縄の図書館はどうだろうか。例えば、私の大学の図書館ではかつては学内で開催される集会のビラや手書きの配布資料なども収集され、蔵書として自由に手に取ることができた。しかし、こうした熱意は基地の固定化とともに徐々に失われ、現在は刊行される単行本が集められる程度である。「図書館の自由」という観点からは、基地の存在に肯定的な立場をとる資料も考えるための材料として揃えていかなければならないはずだが、無関心なのか、潜在的に基地に反対する意識があるからなのか、県内図書館ではこれらの資料をオミットする傾向も見られる。[5] 私たちは原発事故以降、国は嘘をつくということ、マスコミも嘘をつくということを実際に経験した。それは沖縄が抱える問題にも内包されているのかもしれない。大学教員になって一八年もの長い時間がすぎたが、沖縄で司書を育てることと「図書館の自由」のかかわりを考える日々はいまだに続いている。

Ⅵ　壁紙が破れているのである。

ある年の夏、学校図書館関係の研究集会があって泊まったホテルで、天井近くの壁紙が三〇センチほどにわたって縦方向に大きく裂けていたのである。ビジネスホテルだが、夏休み期間中の滞在だったので料金もそんなに安くない。名前の知れた有名なホテルチェーンである。わびしい気持ちと、正直に書くと、腹立たしい気持ちにもなった。

泊まったホテルのレビューを書くとポイントが少したまるので、沖縄に戻ってから、予約したサイトの口コミを開いてみたところ、同じ感想を持った人が他にもいたらしく、「ホテルとしてありえない」という書き込みがあった。溜飲を下げるような思いで画面をスクロールしていったところ、ホテル側の丁寧なお詫びの言葉とともに「地震の被害」という文字が書かれていた。その研究集会は二〇一一年八月に福島県で行われたのである。福島県で開催されることの意味は初日から関係者がくり返し口にしていたはずなのに、私はなぜ壁紙と震災を結びつけられなかったのだろう。

私は沖縄出身ではない。しかし、沖縄に来てそれなりの時間がたった。その間、「沖縄のことを書いてほしい」という原稿依頼も何度かあったが、「沖縄のこと」とは基地問題であり、平和問題である。専門で取り組んでいるテーマではないのでやんわりと断り続けてきた。今も同じ気持ちだが、福島のホテルでの一件があってから、日々、自分の職務を果たすなかで感じる小さな出来事でも、当事者でなければなかなかわからないことがあるのだとも思うようになってきた。

◎　◎　◎

この本にまとめたエッセイは、『みんなの図書館』という図書館関係者向けの専門誌に、二〇一一年一月号から二〇一六年三月号まで連載した全五二回の記事から三〇回分を抜粋し、加筆修正したものである。

連載時のタイトルは、本書と同じ「図書館ノート」と言う。連載を編集部から依頼された際にも、「沖縄のことを書いてほしい」と言われていたけれど、きちんと書ける自信がなかったので、とりあえず「沖縄ノート」ではなく、「図書館ノート」とぼんやりとしたタイトルにして連載を開始した。大きな震災があって、沖縄とのかかわりを考えるなかで、少しずつだが、沖縄のことも書いてみるようになった。第一部の「沖縄ノート」では、沖縄の大学で図書館学を教えていて感じることを書いた記事をまとめている。

第二部の「自由ノート❶」では、連載のなかで多く取り上げた「図書館の自由」に関する記事のなかから、「利用者の秘密を守る」にかかわるものを集めた。第三部「自由ノート❷」も同じく「図書館の自由」に関する記事の内、「資料収集の自由・提供の自由を有する」をめぐる問題への言及をまとめた。第四部は、閑話休題的に時々書いた軽めの文章の寄せ集めである。気合を入れて書いた記事よりも、気軽に書いたこれらの文章の方が評判がよく、感想もよくいただいたので、掲載させていただくことになった。読書を題材とするものが多かったため、「読書ノート」という見出しをつけている。

各章の間には、この序文でもお名前を挙げている、西河内靖泰氏（現広島女学院大学特任准教授、日本図書館協会図書館の自由委員会委員長）に、連載をとおして「図書館の自由」について考えるなかで、疑問に感じたことに答えていただいたことをコラム形式でまとめている。[6]

沖縄で生活をしながら、図書館と「図書館の自由」について考えたノートに、しばしの間おつきあいください。

1「都道府県全角度調査ランキング」『週刊現代』二〇一五・二・七　巻頭特集
2『宜野湾市民図書館報』平成三・四年度（創刊号）　宜野湾市民図書館　一九九三　七頁
3 石原昌家「絶えまなく続く米軍用機墜落事故」『沖国大がアメリカに占領された日　8・13米軍ヘリ墜落事件から見えてきた沖縄／日本の縮図』青土社　二〇一五　一〇七頁
4『知をひらく―「図書館の自由」を求めて』青灯社　二〇一一　一七頁
5 例えば、アメリカの在日海兵隊の報道部が発行する『大きな輪』という雑誌について県内公共図書館での所蔵状況を調べると、蔵書として加えずに、短期間で廃棄されるパンフレット扱いとする館が多い。本書一九頁でも紹介。
6 二〇一六年五月一五日、広島女学院大学の西河内先生の研究室にてインタビュー。

図書館ノート◎目　次

第二部　自由ノート❶　利用者の秘密を守る

第三部　自由ノート❷　資料収集・提供の自由を有する

第四部　読書ノート

本文イラスト●幸喜麻依子、儀保夢乃

第一部

沖縄ノート

こんな本を授業で紹介していいのでしょうか？
自殺マニュアル本をめぐって

I

一年生が初めて図書館学を学ぶ「図書館概論」という授業のなかで、「図書館の自由」について教える単元を設けている。「図書館の自由」という理念の意味と歴史的な背景、その理念を実践するために「資料収集の自由」「資料提供の自由」「利用者の秘密を守る」といった方法があることを説明した後に、世間一般で「悪書」とされている資料の扱いについて考えさせる課題を出すことにしている。

「悪書」として紹介する本は、自殺・殺人・薬物使用などのマニュアル本、差別語・差別表現が問題視された本、発行後に出版差し止めなどの処分を受けた本などである。「利用者がこれらの資料をリクエストしてきた場合にどのように対応すべきか、身近な図書館の所蔵状況や関連文献を調べたうえで、考えてみましょう」という課題内容である。

この課題では、「自分なりに考えたことがあればレポートとして提出してもよい」と伝えているが、提出する義務はない。学生が抱いている図書館の穏やかでやわらかなイメージを揺さぶることが目的であり、その答えは二年生、三年生と、司書課程を続けていくなかで理解できるようになる、としてこの回の授業は締めくくっている。

長く続けていた課題ではあったが、数年前、この課題を出すことをためらわせる出来事があった。他学部の先

授業で紹介している「悪書」

生との立ち話のなかで、何かの拍子に、「授業で自殺の方法が書いてある本を紹介している先生がいるらしい」という話題が出たのである。

Ⅱ

その先生は司書課程とは全くかかわりがない先生なので、目の前にいる私と自殺の本を結びつけて考えてはいなかった。単純に、担当クラスの一年生から「こんな本を授業で紹介していいのでしょうか?」と訴えられて、「とんでもない先生がいる。学生が自殺したらどうするんだ」という感想を持ったようだ。

確かに、授業では自殺の方法が書かれた本として『完全自殺マニュアル』(鶴見済著　太田出版　一九九三)を紹介したが、その内容を事細かに読み上げるようなことをしたわけではない。出版からかなり時間が経っているので、自殺に用いる市販薬の情報はすでに古くなっていることも説明していた。

さらに、本書の出版意図が書かれた、

「『強く生きろ』なんてことが平然と言われている世の中は、閉塞してて息苦しい。息苦しくて生き苦しい。だからこういう本を流通させて、『イザとなったら死んじゃえばいい』っていう選択肢を作って、閉塞してどん詰まりの世の中に風穴を開けて風通しを良くして、ちょっとは生きやすくしよう、ってのが本当の狙いだ」(一九五頁)

という部分も読み上げて、「自殺」という社会問題に対する、著者なりの意見・問題提起がこの本には含まれていることも伝えるようにしていた。

「一冊の本を悪書と簡単に決めつけられるのか」といったことも含めて、「図書館の自由」という大きな問題があることを知ってほしいと思っていただけに、授業の意図を正しく理解してもらえなかったことに落胆し、正直なところ、その学生の受け取り方がとても幼く感じて、腹立たしい気持ちにもなったのである。

しかし、その翌年、同じ単元にさしかかるころになると、やはりこのことが気にかかっていたため、学内の仲の良い先生にそれとなく相談してみることにした。その先生は心理学専攻であり、自殺の問題は心理学や関連する社会福祉学でも取り上げることがあるらしく、大学内の専門の先生たちと意見交換をしてくださることになった。

後日教えていただいた話し合いの内容は次のようなものであった。

①近年、大学生や社会人、中高年の自殺が増えており、身近な友人、家族、恋人などを自殺で亡くした学生は想像しているよりもずっと多い。そうした学生にとって、授業という公の場所でいきなり「自殺」を取り上げられることはかなりショッキングなことで、その場にいること自体が苦痛に感じられるケースもある。

②心理学や福祉学の授業で「自殺」や「DV」「児童虐待」等の問題を扱うときは、「これから話すことに不安に感じる人もいるかもしれない」と事前に伝えて心の準備をさせ、話を聞くのが辛い・怖いと感じる人は、「いったん退席してもよい」と伝えている。

III

恥ずかしい話であるが、私はこの話を聞くまで、問題の核心を全く理解していなかった。私が心配していたのは、この本の存在を知ることで学生が自殺という行為に吸い寄せられたり、この本を参考にして自殺してしまうのではないか、ということであった。しかし、心理学の先生の話では、自殺の情報はインターネットにあふれており、本を買ってまで（図書館で借りてまで）その方法を知ろうとするとは考えにくい。それよりも、自殺を身近に経験した学生が動揺しないようにケアすることの方が大切ということだったのである。

そこでやっと記憶が蘇ったのだが、『完全自殺マニュアル』を授業で紹介した時に、多くの学生は「まさかこんな本があるなんて」と驚き、やがてその驚きは、クスクスという笑い声に変わることがあった。もっと恥ずかしい告白をすれば、私自身も授業を盛り上げたいという誘惑に負けて、「こんな本もある、あんな本もある」とセンセーショナルに取り上げたこともあった。

私の耳には届かなかったが、こうした雰囲気に耐えられない学生はこれまでにもいたのではないだろうか。「こんな本を授業で紹介していいのでしょうか」という学生の批判には、命や心や人権の問題を軽く取り扱っていた私の授業への反発が隠されていたのかもしれない。

もちろん、さきほど紹介した②の方法では、かえって目立ってしまうのではないかと思うし、退席した学生はこれらの本の問題点を知らないまま授業を終えてよいのだろうか、司書になってよいのだろうか、という疑問も残る。

「図書館の自由」は実践することだけでなく、教えることも難しい。

沖縄の高校生が『図書館戦争』を読んだら

I

私が勤務する私立大学の入試制度では、ＡＯ入試は一〇月上旬に、推薦入試も一二月上旬に合格者が早々と決まってしまう。一〇〇名にものぼる合格者のなかには、入学が決まった安堵感からか、学校での授業に集中できなかったり、喫煙や飲酒などの事件を起こすこともあるらしく、高校側から「気持ちが浮つかないように大学から何か課題を与えてほしい」という要望もあって、「入学前課題」というものを合格者に課すことになっている。私が所属する学科では課題図書の感想文を課しており、専門領域ごとに一冊ずつ合計三冊を選んだうえで、四〇〇字詰め原稿用紙八枚以上にまとめて提出するように指示している。

合格者が選択できる領域は「近現代文学分野」「古典文学・文化分野」「琉球文化分野」「日本語・国語教育分野」「人文情報分野」の五つである。「人文情報分野」は私が担当することになっているため、司書になりたいという合格者にぜひ読んでほしい本として、『図書館戦争』(有川浩著　メディアワークス　二〇〇六)を課題図書の一冊に挙げている。

課題図書は全領域を合わせると一六冊あるのだが、そこから『図書館戦争』を選んだ合格者は今年度も四三人と圧倒的に多い。私自身も大好きな作品だが、司書志望以外の学生も本書を選んでおり、あらためて『図書館戦争』が高校生にとって、とても魅力的なコンテンツなのだということがよくわかる。

感想文が取り上げている題材・テーマ	人数（比率）
□表現規制問題に注目したもの （うち東京都青少年条例とからめたもの）	31（72.1%） 16（37.2%）
□人間関係・恋愛模様に注目したもの	21（48.8%）
□大半があらすじ紹介で終わっているもの	9（20.9%）
□司書の仕事の魅力・抱負を語ったもの	4（9.3%）
□軍事関係の設定・知識に注目したもの	4（9.3%）
□その他	2（4.7%）

※複数のテーマを取り上げている感想文もあるため合計人数は感想文を書いた人数（43人）には一致しない

この課題のもともとの目的は「合格後も勉強する習慣をなくさないように」という消極的なものであったため、提出された感想文の出来不出来の評価はせずに、ネットからのコピー&ペーストではないかを取りまとめ役の教員が調べる程度で、課題図書を選定した教員のところに作文が届くことはなかった。ただ、三年前からは私が学科長として合格者の対応を引き受けていることもあって、専門領域の作文には時間を見つけて目を通すようにしている。いざ読んでみると、新鮮な発見や興味深い指摘もあって、はっとさせられることも少なくない。

II

上の表は今年度の合格者による『図書館戦争』の感想文が取りあげた題材やテーマを大きく分けたものである。

前年度までの傾向としては、登場人物の人間関係や恋愛模様に着目したものが多くを占めていたのだが、今年は本書のメインテーマである「表現規制問題」について正面から向き合ったものが増えている。ただし、このテーマを「図書館」と関連づけて書いた感想文はむしろ減っていて、作中の「四、図書館はすべての不当な検閲に反対する」の章で描かれている、「子供の健全な成長を考える会」への中学生による抗議行動に注目したものが増えているという点が面白い。

この章では、「高校生連続通り魔事件」が起こった後に、「考える会」の介入により、学校図書館の「エンタメ系の本が大量に処分」されたことに不満をもった中学生二名が「考える会」の列にロケット花火を投げ込むエピソードが描かれている。多くの合格者はこの中学生の行動を共感的にとらえているのだが、これは感想文を書く時期にちょうど「東京都青少年条例」の改定問題（二〇一〇年）がマスコミで騒がれていたことが影響しているのだろう。感想文のなかには条例の問題点を詳しく調べて書いたものもあり、表現規制・マンガ規制という現実の問題が高校生の日常生活と重なり、本書のテーマに対する理解がいつも以上に深まっているようすがうかがえるのである。

また今年の感想文では、規制を求める側と規制に反対する側のそれぞれの意見を取り上げて、「正論のぶつかり合い」「考えれば考えるほど難しい」として、いったん判断を保留するものがあったのも特徴的である。これまでは「表現規制には反対」という作品のテーマに沿った感想しかなかったことと比べると、「葛藤」が書かれている分、本書のテーマをより真剣に考えようとしている姿勢が現れているように思える。これも現実の問題が影響しているのだろう。

私が最も印象に残った感想文は、「図書館の自由に関する宣言」のなかの「図書館の自由が侵されるとき、われわれは団結して、あくまで自由を守る」という項目への違和感を書いたものであった。

この感想文を書いた高校生は、「この〈我々〉というのは作中では図書を守る立場にある『図書隊』の役割であるわけだが、現実の方となるといったい誰になるのだろうか？」と冒頭で投げかけている。そして、「真っ先に出てきたのは図書館で働く図書館員である。けれど、私は多くの図書館を知っているわけではけして無いのだが、図書館員というのは一つの図書館にそう大勢は居ないのではないかと思った。少人数では、〈あくまで自由を守る〉ことは難しそうである」と綴られている。そして、感想文の最後には「この〈我々〉の答えが一体何処にあるのか分からなかったが、私はその答えが『私を含めた図書館利用者＝一市民』であれば良いと思った」とまとめられている。

「図書館の自由に関する宣言」は何度も読んでいるはずだが、この感想文を読むまで、「われわれ」という言葉が図書館員以外を指しているとは考えたこともなかった。確かに、「自由宣言」の副文を読み返してみると「われわれは、図書館の自由を守ることで共通の立場に立つ団体・機関・人びとと提携して、図書館の自由を守りぬく責任をもつ」と記されている。図書館員が連携する対象が挙げられているため、ここでの「われわれ」は「図書館員」を指していると考えるのが妥当である。しかし、そうした二元論的な解釈は自由宣言の主旨からすると無意味だろう。この合格者が言うように、「我々」のなかに「図書館員以外の一市民」が含まれるという解釈は間違いではないだろうし、東京都での条例改訂の動きをみると、積極的にそう解釈することがふさわしい社会になりつつあるようにも感じてしまう。素朴な感想ではあるが、胸を突く鋭さが含まれているように思う。

III

私が課題図書として『図書館戦争』を挙げている第一の目的は、司書志望の合格者に対して、「図書館の自由」という理念があることを知ってほしいということにあるのだが、もう一つ隠れた意図があることもここで告白したい。合格者には、本土（沖縄県外の）出身者も毎年数人は含まれているが、九五％以上は地元の、つまり沖縄の高校生である。

以前、『図書館戦争』を評した専門家のコメントのなかに、「図書館の自由」と「戦闘」を結びつけることに対して「違和感」を表明したものがあった。私が勤務する沖縄国際大学は普天間基地と道路をはさんですぐの場所にあり、入学前から否応なしに戦争・平和という問題を考えなければならない環境にある。本書のメインテーマは「表現規制」や「図書館の自由」であるが、「戦闘、戦争」という素材を用いた作品を沖縄の高校生はどう読むのか、という興味が、私には密かにあったのである。

結論を先に言うと、「戦争」や「平和」というキーワードに結びつけて書かれた感想文はわずか二作しかなかった。一つは昨年の「尖閣諸島中国漁船衝突事件」と絡めて政府による情報規制が国民の知る自由を侵害することで、戦争という過ちをふたたびくり返してしまうのではないか、という問題提起、もう一つは「メディア良化法」のような政府による表現規制が進めば、普天間基地問題の国内外移設を求める「県民の怒り」も届かなくなってしまうのではないか、という不安を書いたものであった。

その一方で、男子生徒の感想文のなかには、作中に登場する武器や軍の組織などディテールに感嘆する感想文が三人から寄せられた。その内、一人は「図書館戦争というタイトルをみて、興味を持たない男子高校生はいないと思います」と書いている。こうした状況をどのようにとらえるべきなのだろうか。

小説の感想とは離れてしまうが、沖縄で図書館学を教えることにつながる大きなテーマが隠されているようにも思う。

沖縄のことを書いてください

『大きな輪』と「アメリカのおかげ」

I

この原稿を書いているのは「六月二三日」(二〇一二年)である。本土(沖縄の人は他府県のことをこんなふうに呼ぶ)ではあまり知られていないかもしれないが、この日は「慰霊の日」という沖縄県限定の公休日である。

慰霊の日とは、沖縄戦において「日本軍の組織的戦闘が終わった」六月二三日を記念日とし、「戦没者の霊を慰めることを目的」として一九七四年に制定されたものである。* 太平洋戦争が終わって七〇年近くも経つというのに、普天間基地の移転問題はいまだに先行きが見えず、墜落事故をくり返していることが報じられている「オスプレイ」(海兵隊の垂直離着陸輸送機)の配備も県民を不安にさせている。沖縄で生活をしていると、図書館にかかわる仕事のなかでも、戦争の影を色濃く感じることが少なくない。

『大きな輪　BIG　CIRCLE』という、アメリカの在沖海兵隊の報道部が四半期に一度発行する機関誌がある。日米の両国語で書かれた薄い、二〇ページほどのパンフレットのような雑誌である。

表紙のデザインや、「海兵隊員、訓練を実施し日本人女性を救う」(二〇一二年春号)、「日米の生徒が野球を通じて友達に」「漫画コンテストで力を合わせる」(二〇一一年冬号)といった記事タイトルにも表されているとおり、アメリカの海兵隊が沖縄社会にいかに貢献し、市民と協働した関係にあるかをアピールするために作られたものであるため、一部では、占領下にもあった「プロパガンダ誌」の一種だ、とも評されている。

県内の公共図書館には、この『大きな輪』が海兵隊報道部から送付されてくるところがある。先日、ある市立図書館の入り口の無料配布のパンフレットコーナーにこの雑誌が置かれているのを目にした県内の団体がクレームを寄せたというニュースが地元紙で報道された。抗議の対象となった最新号には、オスプレイに県選出の国会議員が搭乗したようすを伝える記事が載っており、「米軍の軍事作戦・心理戦に加担するもの」として一部から反発の声が上がったようである。

II

私がこの話を知ったのは、新聞での報道がなされる前日、地元の新聞社の記者の方からの電話取材を受けた時のことであった。

記者の話では、住民から図書館に対して「県民感情とかけ離れている」という批判があったとのことだが、どのような立場から書かれた資料であるとしても、図書館は資料に対しては中立的なスタンスを取るべきであるし、市民感覚とかけ離れているとしても、あるいはかけ離れているからこそ、この雑誌は沖縄の問題を考えるうえで貴重な研究資料になるはずである。蔵書に加えることには何の問題もないし、反対のスタンスを取る団体のチラシや集会資料なども積極的に集めることで蔵書のバランスを取りながら、市民の学習の場としての機能を保つべきだろう。寄贈された残部を図書館のロビー等に置くことについても、「思想と情報のひろば」「資料提供の自由」という図書館の機能をふまえて考えれば、あらゆる思想に対して開かれた場として機能しているのであれば、特に問題はないと思う（公共施設での宣伝目的でのチラシ類の配布を禁止する条例・規則等があれば別だが）。——これが電話取材に対する私の回答だったのだが、記者は批判的な意見を求めていたようで、電話口からはやや落胆したよ

『大きな輪 BIG CIRCLE』の誌面

うすがうかがえた。そして、翌日の新聞には私のコメントは掲載されなかった。

電話でのインタビューの数日後、少し気になったので、県内の公共図書館や大学図書館での『大きな輪』の所蔵状況を調べてみることにした。当然、地域資料として『大きな輪』は多くの図書館が所蔵していると思っていたのだが、ＯＰＡＣから所蔵が確認できたのは宜野湾市民図書館と琉球大学附属図書館の二館のみで、沖縄県立図書館にも、私が勤務する沖縄国際大学の図書館もデータ上では確認できない。不思議に思って、電話で蔵書数の多い図書館に確認してみたところ、

①他のパンフレット類と同様、館内閲覧はできるが、貸出はできない。一年〜三年ほどで廃棄するため、蔵書登録はしない（ＯＰＡＣには反映されない）、

②寄贈はされているが、インターネットでも閲覧できるので受け入れていない、

③寄贈されているかどうかわからない、

という回答が多かった。

この他に、④蔵書登録はしないものの、他のパンフレット類とは区別して、地域資料として永年保存している図書館もあったが、それは一館

のみであり、蔵書登録をしない、または、短期間で廃棄するという現状からは、「『大きな輪』には地域資料としての価値はない」という図書館側の判断が見え隠れする。県内の図書館で『大きな輪』の取り扱いが問題視されたのは今回が初めてだと思うが、それ以前からもしかすると『大きな輪』を市民に提供することに対して、県内の図書館関係者の消極的な意識があったのかもしれない。

Ⅲ

沖縄と図書館、そして戦争のことを結びつけて思い浮かぶことがもう一つある。県外の学校図書館関係の学会や研究会などに参加した際に、私が「沖縄から来ました」と自己紹介をすると必ずかけられる「ある言葉」のことである。

それは、「沖縄がうらやましい」という言葉である。

うらやましがられているのは「きれいな海」や「あたたかな気候」のことではない。「沖縄では学校図書館に必ず司書が配置されていて良いですね」ということである。

二〇一一度の全国学校図書館協議会による「学校図書館調査」の結果をみると、全国の司書配置率は小学校で五三・一%、中学校で五九・三%に止まっている。一日二～三時間の勤務しかできなかったり、複数校兼務のため一校につき一週間に一日しか勤務できなかったりするケースがあることを考えると、その実態は数字以上にひどいことが容易に想像できる。

一方、沖縄県では全県下の小中学校に学校司書が広く配置されている。離島や僻地の小規模校では複数校兼務やPTA業務との兼務ということもあるものの、全体の数から見てそうした学校が多いわけではない。県の調査によると、小中学校とも専任職員の比率は九七～九八%となっている。数年前の調査だが、正規職員の比率は六割～七割に上っているというデータもあり、経済的に決して豊かとはいえない沖縄県の各自治体がこうした取り組みを長く続けていることはまさに「奇跡的」なことであろう。

さて、「沖縄県がうらやましいです」という言葉に続いて、もう一つ、この言葉とセットのようにして語られるフレーズがある。それは「アメリカのおかげですね」という言葉である。県外の研究会に参加した時に、著名な先生から「アメリカは沖縄に対して悪いことをいっぱいしたけど、学校図書館に関しては感謝しないといけませんね」と声をかけられたこともある。図書館先進地域であるアメリカは日本のモデルとしてよく取り上げられるのだが、沖縄の状況が本土の状況と大きく異なっているのは、「アメリカによる占領下の図書館政策の置き土産である」という説が広く定着しているらしいのである。

この言葉を聞くたびに、私は学校司書Aさんの言葉を思い出す。

もう一〇年ほど前のことだが、Aさんが定年退職される際に挨拶を兼ねて訪問した時のことである。Aさんは、沖縄の学校司書が各地で正規雇用され始めた時期（一九六〇年代末～七〇年代）をふり返り、「アメリカのおかげ」という発言をよく耳にすることに触れて、「アメリカは何もしてくれなかった」「自分たちで運動をしてこの仕事を勝ち取った」「アメリカのおかげなんて言ってほしくない」「悔しいです」と語られたのである。

占領下において、県の教育関係者がアメリカへの留学を通じて先進的な図書館学に触れたことが、復帰前後の学校図書館教育の重視と学校司書の配置につながったという説もあるが、一方で、直接的な因果関係ははっきりしないという意見もある。今後の検証を待つ必要があるが、『大きな輪』の所蔵状況に対して感じた思いとは反対に、厳しい時代を生きぬいた方々の前で、「アメリカのおかげですね」という言葉は、軽々しく使ってはならないと思ってしまう自分もいる。

この連載を依頼されたときに「沖縄のことを書いてほしい」という要望があった。沖縄出身ではない私にとって、沖縄の問題は重すぎてなかなか書くことができなかった。今回、やっと少し書くことができたのだが、こうした書き方でよかったのだろうか。不安は残ったままである。

＊沖縄大百科事典刊行事務局編『沖縄大百科事典』上巻　沖縄タイムス社　一九八三　二五五頁

The Children's Story… but not just for children『23分間の奇跡』と図書館

I

年老いた図書室の先生は、怖くて震えて泣いていた。朝の当番のために集まった図書委員の子どもたちも同じだ。

この国は戦争に負けて、海の向こうの見知らぬ国から、新しい図書室の先生が今日やってくることになっている。

その人物は、八時きっかりに図書室にやってきた。魔女か、お化けか、宇宙人か、と思っていたら、オリーブがかった緑色のスーツを着た若い女性である。もとの先生は、若い先生と入れ違いに、「みなさん、さようなら」と言って、泣きながら図書室を出て行った。

図書委員の子どもたちは不信感でいっぱいだ。でも、先生は子どもたちの名前を三日もかけて暗記してきたらしく、笑顔で次々に声をかけていく。前の先生は名前を間違えてばかりいたのに。

それから先生は、泣いている女の子を抱きかかえ、いっしょに床に座って、絵本を読んでくれた。前の先生は、子どもたちが床に寝転がると「行儀が悪い」

と言ってすごく怒ったのに。

みんなが泣き止んだころ、一人の子どもが、毎朝の日課になっている「自由宣言への誓い」をしようと言い出した。壁に飾ってある自由宣言のポスターに向かって「図書館は資料収集の自由を有する……、図書館はすべての検閲に反対する」と暗唱するやつだ。

先生は子どもたちに聞いた。

「ケンエツってどういう意味？」

「ジユウってどういう意味？」

子どもたちは誰ひとり答えられない。

「前の先生に、教えてもらえなかったの？」

「意味もわからないのに難しい言葉を使うのはよくないわ」

それから先生は「本を好きになるのに、このポスターがなければダメかしら？」

と問いかけ、子どもたちが考え込んでいる間に、「すごく綺麗なデザインのポスターね。そんなにこのポスターが大事ならみんなで少しずつ、持っていたらどうかしら」と提案した。

子どものなかの一人が言った。

「はさみがあれば、切ってあげるよ」

子どもたちは、自由宣言のポスターをめいめい切り取ってポケットにしまった。そうすると、ポスターを入れていた額縁はもうお払い箱だ。誰かが「窓から捨てよう」と言った。みんなで力を合わせて額縁を窓から投げ捨てた時、図書室には大きな歓声が上がり、子どもたちは先生のことが好きになっていた。

一人だけ、ある男の子は先生のことをまだ警戒していた。戦争に負けて、父親がどこかに連れ去られたからだ。反抗的な態度を取る男の子に対して、先生は、彼の父親は間違った考えをもっていたから、大人のための学校に行っていると教えた。

「大人も間違えることがある、あなたもそう思ったことはない？」

「間違った大人は、子どもと同じように学校に行かないといけない」

そんなふうに言われると、男の子は反論ができなかった。大好きな父親だが、理不尽に叱られたことが過去になかったわけではない。

それから先生は、「みんな、図書券がもらえるように、神様にお祈りしてみない？」と言い出した。子どもたちは、疑いながらも、言われたとおりにやってみるが、図書券はもちろん出てこない。先生は「おかしいわ。お祈りする相手が間違えていたのね……、じゃあ、私たちの……指導者に祈ってみましょう」と提案する。

子どもたちが目を閉じて指導者様に祈っている間に、先生はこっそり閲覧机の上に図書券を一枚ずつ置いていく。皆は目を開けて大喜びだが、反抗的な男の子だけはそのことに気づき、先生を告発する。

「先生がやったんだ。ちゃんと見たぞ。お祈りしたから出てきたんじゃない。先生が配ったんだ！」

問い詰められた先生は、それでも、静かに、強く言った。

「そうよ、あなたの言うとおりだわ。すごく頭がいいのね」

「みなさん、図書券は先生が配ったのよ。だから、これでみんなもよくわかったわね。誰にお祈りしても、同じなのね。もし、何かをしてくれる人があるとすれば、それは神様なんかじゃなくて、誰か他の人なのね」

先生は続けて、「それと、彼はとても頭がいいから、今日から委員長になってもらいたいわ。みんなはどう?」

「さんせーい」

このころになると、反抗的だった男の子も、先生の言っていることは正しいことばかりだと思うようになる。

先生が腕時計をちらと見た。

八時二三分だった。

II

これは、ジェームズ・クラベルが書いた『23分間の奇跡』（一九八八　原書名：The Children's Story・・・but not just for children　青島幸男訳　集英社文庫）という短編作品のあらすじをもとに作った物語である。私が高校生のころ、「世にも奇妙な物語」というテレビドラマで放送されていて強烈な印象があって、仕事をするようになってから、原作を探して読んだ。

原作の舞台は小学校の普通の教室で、はさみで切り刻まれるのは「国旗」である。先生が聴かせるのは「絵本」ではなく「見知らぬ国の歌」であり、配って歩くのは「キャンディー」である。

舞台を教室から図書室に、国旗を「自由宣言」に変えてみたのは、ちょっとしたご愛嬌なのだが、ここ数年、『図書館戦争』のアニメ化や映画化などで、「図書館の自由」という言葉がかなり広く浸透してきた反面、なんとなくブームになっているだけで、その意味は正しく伝えられているだろうか、私自身も正しく理解しているだろうか、と不安に感じたからでもある。

この本のなかで、新しい国からやってきた若い先生は、わずか「23分間」という短い時間で、言葉巧みに、子どもたちから国家や親への忠誠、そして、宗教を奪っていく。新しい先生が醸し出す全体主義的な雰囲気は、一見すると、読み手に不気味な印象を与えるのだが、一人ひとりの名前を懸命に覚えてきたり、子どもの目線で物事を考えようとするところは、年老いた先生と比べるとかなり進歩的なものにも思える。そして、若い先生が子どもたちに与えようとする思想そのものも、新しい時代のもののように見えるから、「新しいもの」と「古いもの」のどちらが正しいか、という視点でこの作品を読むのは間違いだろう。おそらく、作者が最も言いたかったことは、「子どもたちをコントロールすることがいかにたやすいか」ということではないだろうか。

III

この本を読み返すたびに、私は「図書館の役割」を考えさせられる。人の心は、情報の与え方によって、簡単にコントロールできてしまう。私たちが絶対に正しいと思い込んでいることでも、そう思い込んでいるだけなのかもしれない。だからこそ、図書館が身近にあって、「思想・情報のひろば」として、少数意見も尊重しながら、幅広い立場の資料を集め、人々が主体的に自分の考えを形成していくための環境を整えなければならない。このことは公共図書館だけでなく、学校図書館にも大学図書館にも当てはまるはずである。しかし、現実の図書館はどうだろうか。「こんな本は読んではいけない」「この本を読みなさい」「この本は良い、この本は悪い」というようなことを簡単に言ってはいないだろうか。あるいは、小さな違和感を覚えつつ、大きな声に押し流されていないだろうか。

『23分間の奇跡』は、国家に都合の良い人間を育てることはとても簡単なことだと私たちに教えてくれる。とすると、本書が投げかける問題は、「国家と個人」、「戦争と平和」というテーマにもつながっていく。そして、この二つは、私が住む沖縄の人たちにとって常に重くのしかかってきたテーマでもある。それは「日本と沖縄」と言いかえることができるかもしれない。最近の沖縄では、ここに「領土と歴史」というテーマも加わり、混迷を極めている。

図書館学の教員という仕事のせいか、大学が新年度に入ると、「新入生に薦める本を教えてほしい」という依頼を必ず受ける。いつもはあれこれ考えこむのだが、今年はあまり悩まなかった。今年の新入生、特に、沖縄で司書を目指す学生たちにぜひ読んでほしい一冊として私が迷わずに薦めたのは、この『23分間の奇跡』であった。

誰だゲンにいちゃもんつけるのは？

その時、沖縄の学校図書館では……

Ｉ

終戦記念日の翌日、島根県松江市の小中学校図書館で『はだしのゲン』（中沢啓治著　汐文社ほか）が教員の許可がなければ閲覧できなくなっているというニュースが飛びかった。報道によると、その理由は「一部に旧日本兵が首を刀で切り落としたり、女性を乱暴して殺したりする残酷な場面が出てくる」からだと伝えられている。教育委員会が問題視した女性への乱暴というのは、「女性の性器の中に一升ビンがどれだけ入るかたたきこんで骨盤をくだいて殺したり」した場面だ、という指摘もある。

騒動になってから、かれこれ三〇年ぶりくらいに『ゲン』を読み直してみた。確かに、冒頭からいきなりゲンがいじめっ子の指をかみちぎったりして、残酷なシーンが次々に出てきて驚いた（読んだはずだが全く記憶にない）。歴史上の出来事について事実関係を誤認しているという指摘もあるそうだから、この作品を平和教材としてどう扱うかは様々な議論があってもよいと思った。しかし、残酷＝悪＝自由な閲覧を制限する、という対応には「ちょっと待ってよ」と言いたくなる。

子どもたちが成長過程で等しく読んで、正しく理解しなければならない作品があるとすれば、それは教科書に載っているのだろうから、学校図書館が集めている資料は基本的には、『ゲン』も含めて、子どもたちの自由な意思の下で選び取る資料と考えるべきだろう。残酷な場面が含まれるとしても、子どもたちは子どもなりにフィ

学校図書館の書架に並べられた『ゲン』

ルターを通して読んでいるだろうし、読み始めても、自分には合わないと思ったらそこでやめたり、「今は読まない」という選択もできる。「禁止したのではなく、制限しただけ」「許可をもらえれば読める」という意見もあったが、「図書館の自由」という立場からは、やはり利用者がその本を自由に読めなくなることを何よりも問題にしないといけないと思う。目録を使う習慣のない（そもそも利用者用の目録がない学校も多い）子どもたちにとっては、書架にない本はその図書館には存在しない本である。また、閲覧を制限することで、子どもたちに「悪い本」だという先入観を与えてしまう恐れもある。日本図書館協会図書館の自由委員会の要望書にも書かれているとおり、子どもが「その本を読むことが教師や校長から良くないことだと思われると受け止め」てしまい、読みたい気持ちを自己規制してしまう事態も十分にありうる。資料に対する中立性が求められる図書館では、やはりよほどの理由がない限り、閲覧制限は行うべきではない。

制限賛成派の意見では、「学校図書館では自由に読めなくても、公共図書館で自由に読めるからよい」というものもあったが、同じ子どもが利用しているのだから、「学校でダメなものは公共でもダメ」「大人はいいけど、子どもはダメ」「年齢制限をせよ」となるのは目に見えている。そして、「ゲンがダメならこれもダメ」と規制がその他の資料にまで広がっていくことも容易に想像できる。残酷な表現を含む昔話や童話も学校図書館にはたくさんある。曖昧な基準に基づく規制は次第に大きな規制につながっていくことにも私たちは注意しなければならない。

性的な被害を描いた場面については、「発達段階に即していない」という批判もあった。しかし、私はこの「発達段階」という理由もいぶかしく思う。例えば、セックスについての知識がない低学年の子どもが『ゲン』で問題になっている性的なシーンを見たとして、果たしてどんな問題が起こると言うのだろうか。なんとなく日本は悪いことをしたんだなぁと思うだけで、読み飛ばして終わりになるだけではないだろか。例えば、腹を空かせたゲンたちが米軍の施設から「避妊具」を間違えて盗み出し、「ゴム風船か」とがっかりする性的なシーンもあったりするが、低学年の子どもは何のことだかよくわからないまま読み進めるだけだろう。こんなふうに理解できないところがあっても、原爆や戦争に対する猛烈な憎悪は十分に伝わるから、これまで学校図書館の蔵書として『ゲン』は読み継がれてきたのだろう。発達段階に即していないからその本を読んではいけないのではなく、発達段階に即して読み方が変わっていけばよい、というのは乱暴な発言だろうか。

学校図書館での禁書問題をテーマにしたYA（ヤングアダルト）小説で、『誰だハックにいちゃもんつけるのは』（ナット・ヘントフ著　集英社コバルト文庫　一九八六）というアメリカの作品がある。この作品のなかで歴史教師が、自身の授業の指定図書とした『ハックルベリー・フィン』が黒人差別を助長するという批判に立ち向かって、「誰も傷つけない本があるんですか？　あったらみせていただきます。そしたら、それは、誰ひとりきちんと読んだこともない本だと証明してさしあげます」と反論する場面が描かれている。誰かを傷つけるとか、不快にさせるとか、残酷だとかそういう理由で本を制限し始めると、際限がなくなり、いつか図書館は誰も読んだことがない本だらけになってしまう。歴史教師の言葉は、禁書というものがどれだけ虚しい行為かを表した名言だと思う。

今回の騒動での最大の問題は、子どもたちの意見を全く聞かずに閲覧制限がなされたということだと思う。子どもたちに最前線で接しているはずの学校司書の専門的な意見も聴取されていないようである。学校図書館の蔵書は誰のものなのだろうか。子どもたちは先生たちが持っている本をありがたく読ませていただいているのだろうか。子どもたちがこの本をどのようにとらえているか、意見を表明する機会は当然必要だったのではないか。「教育的配慮」と言いつつ、子どもたちに直接的には接していない大人の側からの一方的な閲覧制限の決定は、子どもの人格を認めていない対応のように見える。戦後の混乱期をたくましく生きのびる『ゲン』を再読した直後だからかもしれないが、子どもという存在を一方的に、か弱き、愚かな、庇護の対象としてしか見ないことにますます違和感を持ってしまう。

II

学校図書館で『ゲン』を子どもたちに読ませるな、という市民からの批判は、そもそもは残酷な表現を問題にしていたのではなく、歴史認識にかかわる問題だったことも伝えられている。『ゲン』には、太平洋戦争中の旧日本軍の蛮行や「天皇の戦争責任」に言及する場面があり、それが事実に基づかないという批判は以前から存在していたようである。他にも、「米国の原爆投下は日本が戦争を起こしたことの報いだとする『原爆容認論』が、子供たちの心にすり込まれる恐れもある」(『産経新聞』二〇一三年八月二八日　朝刊二面)という批判もあった。

しかし、人の歴史認識やポリシーというのは何も一冊の本だけで、学校図書館だけで作られるわけではない。日々、これだけの情報が飛びかっているのだから、人はいろいろな情報に触れて、自分の判断でどの立場が正しいかを選び取っていくはずである。言葉は悪いが、あえて言うなら「たかが一冊」である。『ゲン』を学校で見せるなと言っている人たちは、一冊のマンガにも勝てないくらいの脆弱な歴史認識にしがみついているわけでもないだろう。『ゲン』を攻撃する時間があるなら、学校図書館でも胸をはって選定できるようなマンガを作ってほしい。暴力表現や子どもをだしに使って、自分たちとは異なる意見の規制を求めるのは筋が通らない。

III

『ゲン』の報道を知った時、私が真っ先に思い浮かんだのは、沖縄戦を扱った資料の存在であった。私が住んでいる沖縄の学校図書館には、どこの学校にも凄惨を極めた沖縄戦の被害を描いた資料が多数所蔵されている。マンガや絵本といった創作物もあるが、「写真集」という形で出版されたものも多数ある。そのなかには、「残酷」をとおり越して、「残虐」とも言えるような死体の写真がいくつか掲載されている。大人の私が見ても、正視できないような写真も数点ある。

沖縄では、沖縄戦の終結にあたる六月二三日を「慰霊の日」と呼び、公休日として制定している。この前後の期間に沖縄の学校では様々な平和行事が行われるのだが、学校図書館では沖縄戦を題材にしたパネル展を開催するのが常となっている。パネル展に使用される写真は、沖縄戦の写真集と同じものが使われているから、そのなかには残酷・残虐なものもある。

小学校から高校まで、毎年、このパネルを見て沖縄の子どもたちは育っていくのだが、教え子の大学生に話を聞いてみると、「怖かった」「正視しないようにしていた」という声も少なくない。「残酷」であることを理由に『ゲン』の閲覧を制限することが許されるなら、沖縄戦の実態を伝える資料の多くも何らかの規制が必要ということになりかねない。

『ゲン』の問題が起こった直後、たまたま県内の高校の司書の方々数名と研究会で集まる機会があった。そこでも『ゲン』の話題は持ちきりだったのだが、沖縄戦の資料の「残酷さ」「残虐さ」についてどう考えるかを聞いてみたところ、一様にこれらの資料の閲覧を制限することには反対としつつも、小学校から毎年同じパネルや資料をくり返し見ているせいか、「生徒たちはなぜ見ないといけないのか、その意味を考えなくなっている」という指摘もあった。大げさに「見たくない」「トラウマ」と騒ぐ生徒もいるし、ホラー映画を見るように「怖い写真どこ?」「見せて、見せて」と乗り込んでくる生徒もいるらしく、最近ではパネル展示を取りやめている高校もあるという。

時代が進むとともに、戦争の残虐さや愚かさを語ることができる体験者は当然少なくなっていく。だからこそ、図書館の資料の存在が重要なのだが、ただそこにあるだけでは資料は生きてこないということなのかもしれない。研究会では、「昔は六・二三(ろくてんにいさん)の行事には学校全体で取り組もうという熱気があったが、先生たちも忙しくなっているせいか、生徒会が撤退し、教科が撤退して、いつの間にか学校図書館だけになってしまった」という声も上がった。

沖縄の平和教育がそうであれば本土はなおさらだろう。今回の『ゲン』の閲覧制限騒動の背景にもこうした事情があったと考えるならば、問題はもっと大きい。

大学入試をめぐるエピソード

司書課程教員の仕事

I

すこし前のことになるが、県外の学会に行った時に、司書課程の教員になったばかりだという先生と世間話をする機会があった。話の終わりに、その先生から、

「学生たちがまともな就職もできないのに、苦しいです」

「どういう気持ちで司書課程の教員をしているのか？」

という質問を受けた。

大学の教員になったころ、私も同じように先輩の先生たちに話してみたことがあった。しかし、心から納得できる回答はなく、いつしか司書課程に限らず、大学というのは、大人の仕事というのはそういうものだと思うようになった。幼稚園教諭や保育士も年限つきの非常勤が多いと聞くし、学芸員だって同じようなものだろう。司書課程の教員だけが何も特別悪いことをしているわけではないじゃないか。そんなふうに考えている自分にずいぶん前から気づいているのに、結局は「（私が住んでいる）沖縄はちょっと事情が違うんですよ」と質問を受け流した自分が心底嫌になってしまった。

Ⅱ

この記事が掲載されるのは四月号(二〇一五年)だから、ちょうど新しい年度の入試業務が本格的にスタートするころである。「そんな馬鹿な、ついこの間、合格発表をしたばかりじゃないか」という声も聞こえてきそうだが、地方の私立大学では、三月末から高校二年生を対象としたオープンキャンパス(大学説明会)が始まり、五月には入試要項と大学案内のパンフレットが仕上ってくる。六月からは高校訪問も始まることになる。なぜこんなに入試のスタートが早くなっているのかというと、「AO入試」という、書類審査と面接試験による選考が八月に入ってすぐに始まるからである。私立大学では入学試験の検定料も大きな収入源になっていて、志願者の数が経営を直撃する。一人でも多くの受験生に興味を持ってもらえるように、先生たちの営業活動は新年度を待たずに早々に始まっているのである。

飛び込みで学校を回ったり、進路の先生に頭を下げたり、説明会で高校生に笑顔をふりまいたりするのはそれほど苦しいことではない。こうした営業活動は頑張れば頑張っただけ成果は上がるから、手ごたえを感じることもある。しかし、「こんなものを売りつけていいのか」という感覚はずっとついて回る。

私が働いている沖縄県では、一九八〇年代から小中学校も含めて全県域で学校図書館にフルタイムの司書が雇用されているから、非正規職も含めれば有資格者が働く場所は少なくはない。県や市町村の正規採用試験も毎年数か所で行われており、司書の雇用状況は他県よりは恵まれているのかもしれない。しかし、幼いころから学校司書と触れ合っているため、司書になることを夢見る高校生もその分やはり多いのである。訪問した高校の進路指導担当者から、「司書になりたいという生徒は多いけど、正規採用は少ないですよね?」「卒業生はまだ頑張ってますか?」と、暗に大学の姿勢を批判されることもある。

入学後、彼らが最初に受ける司書課程の授業では、司書という仕事の素晴らしさを伝える一方で、職員制度の問題点を説明する時間も設けている。学生たちはさぞ混乱しているだろう。大学の司書課程の教員の仕事は、四年間かけてゆっくりと、司書志望の学生の夢を諦めさせていくことだと思うこともある。

III

私立大学の多くが取り入れている「AO入試」は学力試験を課さずに、書類審査と面接で合否が決まってしまう。面接の配点が大きいため、受験生は自己アピールを必死に考えて入試に臨むのだが、「母子家庭で、母は病気がちで、妹と弟がいて、アルバイトをしながら家計を支えています」といったエピソードを語る受験生が時々いる。沖縄の厳しい経済事情を表した出来事だが、面接官の教員たちが「これで学費を払えるのだろうか」と不安な顔をしていることに、純粋な彼らは気づかない。

朝日新聞・河合塾が毎年共同実施している調査によると、全国の大学の退学率は一年間で一・九%、私立大学では二・二%という数字がある（二〇一三年度調査*）。卒業までの四年間の退学率は平均で八・一%となっているが、私の所属学科では入学した学生の二割以上が退学しているから全国平均の実に二・五倍である。別の県内の私立大学でも「四人に一人が退学」するというから、退学率の高さは沖縄の私立大学の特徴なのだろう。表向きは「進路変更」か「学業不振」という理由が大半だが、突きつめていけばそのほとんどが「お金」の問題である。

学生の多くは奨学金をもらっているが、実家の家計や家族の治療代にまわってしまい、本人は深夜までのアルバイトで疲れはてて、大学の授業はほとんど出席しなくなって、期限いっぱいまで学費の支払いを延ばして、奨学金だけを受け取り続け、結局学費を支払えずに除籍になって、奨学金返済という借金だけが手元に残る。そんな学生をこれまで何人も見てきたし、学費支払のプレッシャーで心を壊してしまう学生もいた。もちろん頑張って卒業する学生の方が多いのだが、そうした経済状態では公務員試験の勉強にかける時間やコストを捻出するのも難しいし、非正規の仕事についても奨学金の返済はままならない。マイナスの評価をつけることはないが、面接中もこんなことを次々に考えながら、心の汗を拭ってしまう。

IV

司書課程で学んだ学生全員が図書館で働くわけではない。むしろ、民間の企業で働くことを選ぶ学生の方が多い。

最近の大学はどこも「キャリア教育」に力を入れるようになっていて、卒業時に「正規」で働けるところに就職させようと入学時から熱心に指導している。私の大学でも、司書課程の学生はもともとまじめで素直な学生が多いから、言われるまま民間企業への就職を目指そうとする。私自身も、「資格を生かせるチャンスはいつかあるから、まずは民間企業を経験してみるのもいいんじゃない」とアドバイスをしたりする。最近は図書館に関連する職業として、書店に就職する学生も増えてきた。

しかし、彼らはもともと司書になりたくて四年間頑張った学生である。卒業後しばらくすると、近くの図書館のカウンターに彼らが立っているのを見かけることも少なくない。話を聞いてみると、沖縄県では、民間企業の雇用条件もかなり悪いから、同じ「悪い」なら、非正規でも好きな仕事をやりたいという。そして、図書館の仕事は「楽しくてたまらない」と笑ってくれる。彼らが少しでも長く図書館の仕事ができるように自分なりに動いてはいるが、司書志望者が非正規という形でも夢だった仕事に就くことができるのは、雇い止めによって強制的にでも枠が空くからでもある。

卒業した学生から携帯電話に着信が残っていると、鼓動が高まるようになったのはいつごろからだろうか。卒業生のなかには「同じ悪いなら司書」と割り切れなかった学生もいる。仕事がつらくて自殺した学生もいたし、体を壊して寝たきりになった学生もいた。彼らは運が悪かったのだろうか。雇用事情が悪い沖縄だけの特別な問題なのだろうか。

誰もが逃げ場がない時代である。そんな時代の司書課程教員の仕事とは何か。悩むことだけはやめてはいけないと思って、何の解決にもならないとはわかりつつ、こんなことを書いてみた。

＊「朝日新聞×河合塾 共同調査「ひらく 日本の大学」」http://www.asahi.com/edu/hiraku/ 二〇一五・一・三〇アクセス

沖縄の高校生が『図書館戦争』を読んだら・二〇一五

Iちょうど四年前になるが、「沖縄の高校生が『図書館戦争』を読んだら」という記事をこの連載のなかで書かせてもらった（本書二四頁）。勤務大学のＡＯ入試と推薦入試の合格者が「入学前課題」として取り組んだ『図書館戦争』（有川浩著）の感想文をもとに、沖縄の高校生たちが何を感じたかを取り上げた記事である。あらためて言うまでもないが、沖縄は太平洋戦争中に壮絶な地上戦を経験した歴史を持つ。彼らが入学する大学は、「世界一危険」とされ、移設が話題になっている普天間基地に面して建っている。そうしたなかで、沖縄の高校生が『図書館戦争』を読むと、何か特別に感じることがあるのではないだろうか。こうしたねらいを持って課題を出したところ、「戦争」というキーワードに注目し、沖縄戦や平和問題と結びつけて感想を書いた高校生はごく一部であり、むしろ、（男子生徒の作文のなかには）作者が持つ軍関係の知識の豊富さを称賛するような、軍事マニア的な感想の方が目立ったのが意外だ、と当時は書いた。

あれから四年。沖縄をめぐる状況は大きく変化した。その先行きも全く見えない。単純に解決できる問題ではないとわかりつつ、それでも、自分たちの選択で新しい基地は作りたくない、という沖縄の人たちの思いは県外出身の私にも強く伝わってくる。二〇一五年、沖縄の高校生たちは『図書館戦争』をどう読んだのだろうか。

Ⅱ

次頁の表は、二〇一五年度入試に合格した高校生たちが、どのようなテーマ、または題材に注目して『図書館戦争』の感想文を書いたかをまとめたものである。

ここ数年、合格発表直後に開催される「入学前オリエンテーション」において、「(特に司書を目指す人は)図書館はなぜ存在するのか、司書にはどんな使命があるのか、という部分に注目して作文に取り組んでください」と出題意図を説明している。そのためか、主人公の人間的な魅力やラブコメ的な部分だけに注目した感想は以前よりもぐっと減って、ほとんどが本書のテーマである表現規制や検閲問題を取り上げた感想になっている。作者の軍事知識の深さに感嘆するような感想も、男女とも今回は特に目につかなかった。

四年前と比べて変化を感じた点はもう一つある。本書のテーマである表現規制や検閲の問題点を論じるだけでなく、「好きな本を自由に読めなくなる日が現実にくるのではないか?」と、不安を訴える作文がかなり増えているのである。それは感想文の書き方のパターンの一つとも言えるが、表現の自由や知る自由が脅かされる出来事がここ数年で頻発していることも影響しているのではないだろうか。

テレビでも大きく報じられた『はだしのゲン』閲覧制限騒動や『アンネの日記』破損騒動、シャルリー・エブド社襲撃テロ事件、秘密保護法の成立など、表現活動・報道活動をめぐる大きな出来事が立て続けに起こっている。表でも補記しているとおり、これらの出来事とからめて表現規制や検閲の是非を論じる感想文が散見され、四年前よりも確実に「自由に本が読めなくなる」ことへの警戒心をあらわにする感想が増えているのである。

私が注目していた「沖縄」「戦争」「平和」というキーワードは、『はだしのゲン』閲覧制限騒動にふれた作文のなかにいくつか見ることができた。

感想文が取り上げている題材・テーマ	人数（比率）
□表現規制・検閲問題・図書館の自由に注目したもの（こんな世界があったら嫌・読みたい本が読めないのは嫌・現実にありうるかも……）	49（86.0%）
（うち『はだしのゲン』閲覧制限騒動とからめたもの）	6（10.5%）
（うち フランス新聞社襲撃事件とからめたもの）	5（8.8%）
（うち 秘密保護法とメディア良化法との共通点を論じたもの）	4（7.0%）
（うち 東京都改正青少年条例とからめたもの）	2（3.5%）
（うち『アンネの日記』破損騒動とからめたもの）	1（1.8%）
（うち『華氏 451 度』との共通点を論じたもの）	1（1.8%）
（うち『ピノキオ』差別問題とからめたもの）	1（1.8%）
（うち『産経新聞』の韓国大統領名誉棄損問題とからめたもの）	1（1.8%）
□主人公のキャラクターへの憧れを述べたもの	10（17.5%）
□人間関係・恋愛模様に注目したもの	6（10.5%）
□大半があらすじ紹介で終わっているもの	6（10.5%）
□司書の仕事の魅力・抱負を語ったもの	5（8.8%）
□現実の「自由宣言」と作中の「自由宣言」との違いに注目したもの（「不当な検閲」という表現に注目したもの）	3（5.3%）
□その他（読書の大切さを論じたもの・作中のユーモアをほめるもの・指定管理者制度の下で図書館の自由は守られるか……）	4（7.0%）

※１つの感想文の中で複数のテーマ・題材が取り上げられていることもあるため、合計人数は感想文を書いた人数（57 人）には一致しない、提出期限は 2015 年 1 月 30 日

彼らの多くは、小学校時代に『ゲン』のマンガや映画を観て、「トラウマになった」「パニックになった」とふり返りつつも、フィクションでありながらも作者の実体験をもとにした表現だからこそ、そして、目を覆いたくなるようなグロテスクな表現だからこそ戦争の悲惨さを語り継ぐことができる、として、学校図書館での閲覧制限を強く非難している。そして、そうした迷いのない論調は、彼らの祖父母、または曽祖父母が体験した沖縄戦の記憶と結びついてく。

例えば、沖縄戦最大の激戦地となった糸満に住む高校生は、「今まで学校の平和学習で、ひめゆり資料館や平和祈念資料館で戦争の悲惨さについて学んできた」が、「もし、（作中に出てくる）メディア良化法のような規制が存在し、これらの施設が存在せず、戦争体験を語ること自体が規制されていたなら、私の戦争に対する認識は大きく違っていただろう」と書いている。

彼らにとって、『はだしのゲン』を子どもたちの目に触れさせないようにすることは、戦争の悲惨さを知らせないようにすることであり、祖父母の世代から語り継がれた沖縄戦の被害を矮小化しようとする言論に自然と重なり合う。今回も数は決して多くはなかったのだが、『図書館戦争』の感想とからめて、こうした警戒心を実感的に書くことができるのは、沖縄の高校生ならではなのだろうと思う。

III

例年の感想文には見られなかったもう一つの点は、「『図書館戦争』のような体験を私もしたことがある」という記述があったことである。ある高校生は、小学校時代をふり返りながら次のように書いている。

「私が小学三年生の頃、慰霊の日の特別集会で沖縄戦や第二次世界大戦に興味を持ち、それらについてずっと調べている時期がありました。小学校の図書館では、低学年向けの戦争に関する本はほとんど読んでしまっていたので、高学年向けの戦争の本や資料、『はだしのゲン』などを借りようとすると、図書館の先生に断られてしまいました。先生がおっしゃるには、『○○さんには難しいと思うし、写真とか経験とかも怖いと思うよ。だからお勧めできないな』とのことでした。そのときの私は、『はい』としか応えられませんでした。そこで私は日頃通っている○○図書館と○○図書館に行き、戦争に関する本を借りようとしました。しかしそこでも断られてしまいました。言葉を濁されたのではっきりとは思い出せませんが、年齢的に出せないとのことでした。これらを思い出すと、今でも当時感じた反発心が湧いてきます」（○○部分は筆者による伏字）

『図書館戦争』を課題図書として挙げるようになってもう七年が経つ。提出された感想文は毎年私が読んでいるのだが、こうしたエピソードを語ったのはこの高校生が初めてである。読書興味はその人の内面性の発露であり、読みたい本を頭ごなしに否定することは、その人の人格を否定することと同じである。それは小学生であっても少しも変わらないということが、感想文から読み取れるのではないだろうか。

彼女はこの経験をふり返りながら、「『図書館戦争』を読んで、私としては、未成年者（子ども）は様々な本を読んで、知識や自主性、想像力を身につけるべきであり、間違った方向へ子どもが進みそうになれば、それは親が教え諭せばいい」とまとめている。まっとうな意見であり、あらためて『図書館戦争』が「図書館の自由」を学ぶためのよいテキストになっていることがわかる。と同時に、沖縄の図書館は何をやっているんだろう、と残念な気持ちにもなる。

Ⅳ

このところ、「図書館の自由」は公共図書館のものであって、学校図書館とは無関係である、という意見をやたらと耳にするようになってきた。「学校図書館とは無関係である」とはいかにもずるい言い方である。子どもと「図書館の自由」は無関係である、子どもに知る権利はない、子どもには「図書館の自由」なんてわからない、とはっきり言えばいいのに、と思う。

ささやかな抵抗として、最後に感想文のなかから印象に残った言葉を挙げておきたい。


「読み終わった後に、図書館は、図書館によって選ばれた本の中からしか、利用者が選べないのではなく、利用者がほんとに読みたいと思う本や必要な本または資料を利用者へ届ける為の場所なんだと感じた」

「『はだしのゲン』を閉架にして（中略）読みたいと希望しなければ自由に読めないのは、〝はだしのゲンを読むのは悪いことだ〟と子供たちが思ってしまい、読みたいので出してほしい、となかなか言うことはできないと思います。それどころか、『はだしのゲン』が図書館にある、ということすら知ることができなくなるかもしれません。『はだしのゲン』の内容が問題だというのなら、そこに含まれている戦争や人種差別、天皇などについての本を置き、様々な立場や視点で書かれたものの中から、偏った考え方にならないよう、広く情報を手に入れられるようにすべきだと思います」

「臭いものには蓋、危ないから取り上げる。そういう考えで本を責める前に、大人は子どもに本との向き合い方を教えなければならないと思わされた。私の両親は、きちんとその責任を果たしてくれているのだろう。だからこそ我が家には様々な本が溢れている」

「この本を読んで、自由とは当たり前にあるものだと思っていたが違った。自由とはかけがえのないものである」

沖縄の新聞は「つぶさなあかん」？

「公正中立」の本当の意味

I

「図書館の自由」のことを、大学の司書課程の授業のなかで取り上げるときに、新聞ごとの報道の違いを紹介することがある。

よく言われることだが、同じ日に起こった、同じ出来事を「事実」として伝えているはずの記事でも、新聞によって取り上げられ方が異なることがある。例えば、「反原発」「脱原発」を掲げた集会やデモを報じた新聞記事を比べてみると、記事の大きさはもちろん、掲載する面や見出しのつけ方、参加者数を主催者発表とするのか、警察発表とするのか、写真を掲載するのか、掲載するならカラーなのか、白黒なのか、によっても伝わり方がかなり変わってくる。

レッテルを貼るつもりはないのだが、反・脱原発報道については、いわゆる「左派」とか「リベラル」とされる新聞社は大々的にそれを取り上げ、「右派」とか「保守系」とされる新聞社の記事での扱いは小さい。原発推進と経済成長は切っても切り離せないという考えもあるためだろうか、「経済」とタイトルについている新聞では「極小」と言ってもいいくらいの扱いになることもあるようだ。

新聞の定期購読者が減少を続けるなかで、「スマホにニュースが並ぶ時代に新聞も様変わりを求められ、論調の違いが最大の個性になった」という指摘もある。こうした傾向はこれからますます強まっていくのかもしれない[1]。

授業では、こんな説明をした後に、同じ「事実」を伝えるといっても、新聞社にはそれぞれの論調や「カラー」があるのだから、一種類の新聞しか集めなかったり、故意にではなくとも特定の言論傾向の新聞しか集めなかったりすることは「図書館の自由」に明確に反する、いろいろな立場の新聞を幅広く集めていくことが資料選択では大事、といったことをこれまでは教えてきた。

しかし、最近になって、こうした説明が絶対に正しいとは言えないような気もしてきている。

II

私が住んでいる沖縄県では、本土の新聞（全国紙）の多くは、朝刊が朝一番には届かず、お昼過ぎになってようやく配達される。図書館も一般家庭もそうである。そんなに遅く届く朝刊にはあまり意味がないからだろうか、沖縄の各家庭で購読するのは全国紙ではなく、地元で印刷して、きちんと朝一番に届く地方紙である。

二〇一四年上半期のデータによると、沖縄の地方紙の発行部数は『沖縄タイムス』が一六万六〇二五部、『琉球新報』が一六万三四七五部であるのに対して、（県内で印刷している『日本経済新聞』を除いて）全国紙は多くても一一〇〇部ほど、少ないタイトルでは三〇〇部を下回っているという。[2] 新聞の購読数そのものが減少している事実はあるだろうが、県民にとって重要な情報源になっているものが『沖縄タイムス』と『琉球新報』の二つの地方紙であることはいまも変わりはない。

そんな沖縄の新聞に対して、「沖縄のあの二つの新聞は潰さなあかんのですけども……」と言ったのは、ベストセラー作家の百田尚樹氏である。二〇一五年六月二五日に、自民党の国会議員らが党本部で開いた憲法改正を推進する勉強会「文化芸術懇話会」のなかでの発言である。「オフレコに近い形で冗談として言った」「悪意に満

読売新聞▶

最大規模の脱原発集会
代々木公園

各新聞にみる脱原発報道の違い
2012年7月17日朝刊より

脱原発訴え
大規模集会
代々木公園

▼日経新聞
（段が大きくずれている）

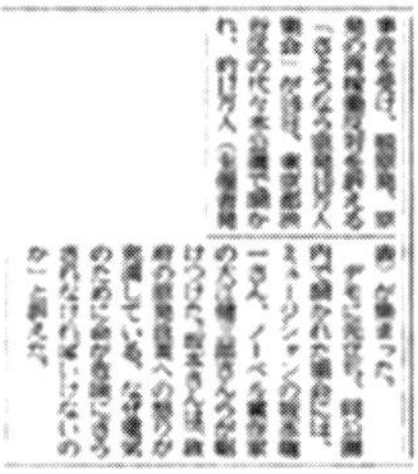

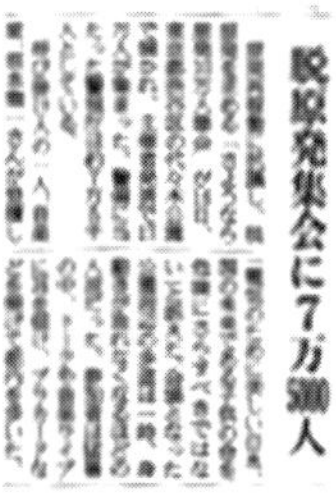
脱原発集会に7万500人

▲産経新聞

毎日新聞▶

脱原発 人の波
代々木公園で「10万人集会」

脱原発 怒りの炎天下

ポリ袋に福島の土■木陰で娘とともに

◀朝日新聞

▼東京新聞

さよなら原発「17万人」集う

酷暑の中 最大規模

ちた捏造」といった弁明もあったのだが、百田氏はその後も、沖縄タイムス社からの電話インタビューに対して、「歴史認識が違う」「嫌いな新聞だ」「読者がいなくなってつぶれてほしい」と答えたと報じられているし[3]、自著のなかでも「沖縄タイムスと琉球新報は、およそ公正なジャーナリズムとは言えない偏向した新聞」と書いておられるから[4]、もともと沖縄の地方紙に対して強い反感があることは間違いないことなのだろう。

「沖縄の新聞報道は偏っている」「沖縄の新聞の偏向報道は異常」という考え方は、ネットではこれまでにも散々指摘されてきたことであり、なにも百田氏がオリジナルというわけではない。

実は、私自身も同じように考えていたことがある。記事内容そのものに反発を感じるということではないのだけれど、例えば、基地問題を取り上げる際に、政府が推し進める政策に対して反対一色な記事だけでなく、いろいろな見方があることも紹介することも必要なのではないか、と感じたこともあったのである。もちろん、地方紙と全国紙では役割が異なるのだろうが、先に挙げたように、沖縄の場合は地理的な事情から地方紙が全国紙と同じような役割を担っている以上、「地方紙だから地元の声を書けばいい」と割り切るのもやや乱暴な気がしていたのである。

だから、「図書館の自由」を授業で取り上げるときには、地元の新聞だけを集めるのではなく、異なる立場の新聞も集めないといけない、という説明をすることもあった。特に、予算が少ない学校図書館ではなんとなく地元の新聞だけを置きがちだけど、子どもにも知る権利はあるんだから、それをせばめないようにしないといけないよね、という話を、司書教諭課程の授業でしたこともあった。

こうした説明も、やっぱりどこか間違っているような気がしてきた。

Ⅲ

二〇一五年八月、「報道特集」（TBS系）のメインキャスターとしてもおなじみの金平茂紀氏の講演を聞く機会があった。講演のなかで金平氏は、二〇〇八年に亡くなった筑紫哲也氏の言葉を紹介しながら、「メディアの役割」について語っておられた。

金平氏は、筑紫氏がキャスターを務めていた「筑紫哲也NEWS23」の番組編集長を務めており、筑紫氏からたくさんのことを学んだという。講演のなかで特に印象に残ったのは、筑紫氏が末期ガンに冒され、番組を降板する直前、「多事争論」というコーナーのなかで、メディアの役割として「知る権利の保障」というキーワードとともに、「権力を監視すること」「弱者の視点を持つこと」「少数派であることを恐れないこと」などを挙げたという話であった（二〇〇三年三月三一日放送「多事争論・変わらないもの」より）。

「知る権利」は「図書館の自由」にも共通するキーワードである。図書館は資料の収集や提供において、国民の知る権利・知る自由を守るために、偏らないこと、中立であること、多様な言論を伝えることを目指してきたはずだが、この講演を聞いてから、はたしてそれが、国民の知る権利の保障につながっているだろうか、という疑問が頭のなかでぐるぐるとまわっているのである。

最近の沖縄の基地問題や安保法制を報じる新聞記事のなかには、政府の広報誌のような、言葉は悪いかもしれないが、「安倍首相の応援団？」と思うようなスタンスをとるものもある。反対に、一部の新聞が政府の政策に対して否定的なスタンスをとることに対しては、「新聞は公正中立であるべき」「賛否両論を掲載するべき」「偏向報道」という意見がネットで荒れ狂うことになる。

しかし、政府が推し進めたい政策とそれを伝える言論というものは、メディアが放っておいても、嫌でも国民に押しつけられてくるのである。政府が言論の主体となる時、その言論は、豊富な資金力や組織力を背景として、私人ではとうてい太刀打ちできないくらいの圧倒的な力を持ってしまうという指摘もある。[5] だからこそ、権力にとって都合が悪い情報を積極的に国民に伝える、それをとおして、権力を監視することがメディアの第一義的な役割だという考え方もできる。そうした役割が「公正中立」「偏向しない」という耳障りのいい言葉にかすめとられる時代の到来を、筑紫氏は最後の「多事争論」のなかで指摘していたのではないだろうか。

Ⅳ

筑紫氏は沖縄問題に寄りそったジャーナリストとして知られているが、その著書のなかで、『沖縄タイムス』の創立者の一人である豊平良顕氏の言葉を紹介している。[6]

「一方に圧倒的な権力を持つ統治者がいて、他方に基本的な権利を奪われている被統治者がいる。その双方の言い分を平等に並べて伝えることのどこが公正なのか。圧倒的に弱い個の立場に新聞が立つことが、この不均衡を少しでも改めることに役立てば、それが公正というものではないか」

この言葉は、筑紫氏からの質問を受けて、豊平氏が『沖縄タイムス』の報道姿勢について答えたものである。そして、筑紫氏は次のように続けている。

「定義不明、吟味もなしに、『不偏不党』『客観報道』『公正中立』などを振り回すことがこの国のメディアをどのくらいダメにし、毒しているか。そう感じるたびに、私はこの時の豊平氏の毅然たる態度を思い起こす」

図書館における「公正中立」とはなんだろう。十分な吟味もせずに、「不偏不党」や「公正中立」をふり回して、その本質を見失っていないだろうか。長く「図書館の自由」をテーマに連載を書いてきて、いまさら何を言っているんだろう、と自分でも情けなく思うのだが、自戒の念を込めて書いてみた。
「図書館の自由」はやっぱり難しい。

1 慶応大学・大石裕教授（ジャーナリズム論）の発言より。（「安保法成立、各紙の論調は 毎日「支持ない派兵ならぬ」／読売「必要最小限の抑止力」」『朝日新聞』二〇一五・九・二〇 朝刊三面）
2 「読まれていないに等しい全国紙 沖縄特有の新聞事情とは」http://thepage.jp/detail/20150711-00000005-wordleaf 二〇一五・七・一一配信 沖縄県の世帯数は二〇一五年八月一日現在の推計で五六万七七五一世帯。
3 「百田尚樹氏に一問一答『沖縄二紙は嫌い』『つぶれてほしい』」『沖縄タイムス』二〇一五・六・二七 朝刊二六面
4 百田尚樹『大放言』（新潮選書）新潮社 二〇一五 二二八頁
5 蟻川恒正「基調講演 『政府言論』論と図書館の自由」『全国図書館大会 東京大会記録』日本図書館協会 二〇一五 一一四頁
6 筑紫哲也『旅の途中 巡り合った人々 1959―2005』朝日新聞社 二〇〇五 一一九頁

西河内さんに聞いてみよう！ 1

資料収集の自由・中立性についてもっと知りたい

●山口の疑問●　本書五八ページでも紹介していますが、百田尚樹氏が二〇一五年に「沖縄の新聞はつぶさなあかん」と発言されて、大きな騒動になりました。

本書の前半部分で、私は沖縄の基地問題とのかかわりのなかで、沖縄の図書館は資料収集・提供の際に、地元の世論とは異なる意見についても、幅広い立場から多様な意見を紹介できるようにしないといけない、と書いているのですが、百田氏の発言を受け、沖縄問題と報道の関係を考えるなかで、多様な意見をバランスよく、中立的に提供することが本当に公共図書館の役割なのか、よくわからなくなってきました。

沖縄の基地問題だけでなく、安保法制や原発再稼働など、政府が推し進めたい言論とそれに反対する資料について、バランスよく・中立的に収集する、という場合、どちらにも肩入れすることなく資料を収集・提供することを「図書館の自由」は求めているのでしょうか？

政府言論と「図書館の自由」、特に「資料収集の自由」の関係性について、西河内先生の考えを知りたいです。

■西河内先生■　「自由宣言」には、確かに「多様な、対立する意見のある問題については、それぞれの観点に立つ資料を幅広く収集する」と書かれていますが、それを量的な意味でバランスよく、どの言論も同じくらい、というふうに解釈するのは間違っていると思います。

かつて参議院の議長をつとめた河野謙三さんが、参議院が政府に対してとるべきスタンスとして、「三・七の姿勢」と仰っています。権力を持っている側とそれに対峙する側、言いかえると、政府の主張とそれ以外の主張には「三」対「七」で応じるということが実は「政治的公平」につながる、「バランスがとれる」という考え方です。最近、図書館の資料についても、政治的公平が問われることが増えてきていますが、同じように考えるべきではないでしょうか。

かなり前のことですが、『日本原子力学会誌』という雑誌のなかで、「図書館に反原発の本が多いのは公平ではない」という主張が掲載されたことがありました。体制を支持し権力側に寄りそう人たちはそんなふうに図書館にクレームをつけてくることがあるかもしれませんが、体制・権力寄りの資料が体制・権力を批判する資料よりも量的に少ないとしても、それは「図書館の自由には反しないんだ」ということを、図書館人は理解しないといけません。

それともう一つ、実際に選書してみればわかることですが、原発問題も含めて、権力寄り・政府寄りの意見が書かれた資料というのは、タイトルは違ってもそこで展開されている主張が非常に似通っていることが多いのです。それに対して、権力批判の側の資料というのは、その主張に非常に多様性があります。その分、そうした側の資料は出版点数も自然と多くなっていますので、多様で少数の意見も尊重しながら、資料を集めていたら、自然に「三」対「七」の蔵書構成になるはずなのです。

滋賀県の多賀町立図書館にいたころ、「沖縄の事情を多賀で知ろう」という案内文をつけて、沖縄の地方紙の『沖縄タイムス』を新聞コーナーに置きました。全国紙に掲載される情報だけでは、沖縄にかかわる問題はよくわかりません。でも、沖縄の問題は日本の人たちはもっと考えるべきものです。『沖縄タイムス』は、百田氏が言うようにしばしば「偏っている」という批判を受けますが、だからこそ図書館で提供するべき資料だと思っています。

図書館の自由のなかの「バランス」とは、決して「量的な均衡」を言っているのではありません。「バランス」＝「多様性」と言いかえてもいいかもしれません。それをわざわざ、一対一にすることはむしろいびつなことだという認識を、図書館人は持たないといけません。

・・・

西河内靖泰（にしごうち・やすひろ）
広島女学院大学特任准教授。一九五三年大阪市生まれ。一九七六年東京都荒川区に入る。一九八八年日暮里図書館に異動。荒川図書館・南千住図書館を経て、二〇〇九年より滋賀県愛荘町立図書館長。同県多賀町立図書館長を経て、二〇一四年九月から現職。図書館問題研究会の元副委員長、図書館の自由委員会委員長。日本図書館協会図書館の自由委員会委員長。著書に『知をひらく～「図書館の自由」を求めて』（青灯社、二〇一一年）がある。

第二部

自由ノート❶

利用者の秘密を守る

本を借りたら一ポイント？

量目的化する読書指導

I

佐賀県にある武雄市が、レンタルショップ「TSUTAYA」を全国展開するCCC（カルチュア・コンビニエンス・クラブ）株式会社に市立図書館の業務を委託するということが話題になっている。

委託先の決定の経緯や「Tカード」がなければ本を借りられないという当初の談話など、「あれれ？」と思う点がいくつかあったのだが、私が特に気になったのが「本を借りたらポイントをあげる」という部分である。この原稿を書いている時点（二〇一二年）ではまだ詳細は伝わってこない段階なので、これから書くことは特定の図書館への批判ということではなくて、〈もしも図書館で貸出しをして、他の商業施設で使えるポイントがもらえるようになったら……〉と仮定して、その問題点を考えてみたい。

まず気になるのは、レンタルショップや書店とは違って、公共図書館のサービスは無料で利用できるということである。つまり、基本的なサービスを受けるだけならば、利用者側には一切の金銭的な（直接的な）負担がない。もし本を借りたら一ポイント（通常は一円分）となってしまうと、利用者のなかにはポイントほしさに無意味に本を借りる行為をくり返す人が出てくるのは避けられないだろう。

民間企業のポイントサービスの問題点について調べてみると、そのシステムには、「購買ポイント」の他に、「来店ポイント」というものもあり、一人がカードを複数枚作って、来店のたびにポイントを稼ぐ方法もあるらしい。家電量販チェーン店の「ヤマダ電機」は二〇一〇年四月に、来店ポイントの付与を携帯電話会員に限定するという措置をとっているが、その理由の一つは、一人で複数のカードを使って来店ポイントを荒稼ぎするケースが増加したことにあるとも言われている。貸出（一冊？）ごとに一ポイントというのは、利用者にコスト面での負担がないという点で、購買ポイントではなく、この来店ポイントに近い気がする。自動貸出機を置いた場合には、監視の目も働かないから、利用者（特に子ども）のイタズラ心や競争心を煽って、「今日だけで五〇円稼いだ！」といった人たちが出てくること必至だろう。

とはいえ、委託を受ける企業側もビジネスとしてやっているわけだから、ポイントサービスを導入するなら、当然、損失が出ないような対策を十分に考えるだろうし、利益が出ないと判断した時点でサービスを終了すればいいと考えているのかもしれない。だから、ビジネスとしてポイント制度が成り立つかどうかということは大きな問題ではない。私がどうしても気になってしまうのは、ポイントほしさに必要のない本が借りられていくということである。公共施設である図書館は、（現実的には）限られた資源をみんなで分け合って使っているところなのだから、例えば、民間の飲食店のように、おなかがいっぱいでも、嘔吐してでも、食べて、飲んでもらった方がよいということにはならないと思う。つまり、利用者を必要以上に貸出しようという気持ちに駆り立たせてしまう扇動的なサービスは本質的に公共のサービスには馴染まないはずである。

図書館でのポイントサービスの是非に関しては、カードを経由して個人情報がどのようにマーケティングに使われるかわからないという怖さが指摘されているが、それだけでなく、本当に必要としている利用者の手に資料が渡らなくなってしまうのではないか、そうした問題も議論しないといけないと思うのである。

II

さて、ここまで私はポイントサービスを図書館に導入することの問題点を書いてきたのだが、よく考えてみたら、〈貸出をすればするほど得をする〉という仕組みは図書館界では昔からあるということを思い出した。学校図書館でよくやっている、いわゆる「多読賞」の表彰である。

多読賞というのは、読書奨励を目的として、本を多く「読んだ」（ほとんどの場合は「借りた」）利用者を一年に一回ほど表彰する図書館イベントの一つである。上位者に賞状を渡したり、五〇〇円から一〇〇〇円程度の図書カードが副賞になっている学校もけっこうある。一年間に数人しかもらえないという違いはあるが、一ポイント一円計算で、五〇〇円の図書カードをもらうためには、五〇〇冊を借りなければならないのだから、多読賞の方がずっと「楽に稼げる」仕組みである。もちろん、図書館や読書に親しむ手段として、たくさん本を読むことやそれを表彰することにも意味はあると思う。しかし、手段が目的化することはよくあることで、冊数だけを審査の材料にしてしまうと、図書カードほしさに必要のない本が借りられていく、という問題はどの学校でも必ず出てくるように思うのである。

このニュースに関して、もう一つ思い出したことがある。私が住んでいる沖縄県では、小学校での図書館での一人当たりの年間読書（貸出）冊数が平均で「一六〇・四冊」というデータがある。[1] 沖縄県では全県的に学校司書の配置が進んでおり、県内の公立小学校の職員配置率は九八・二%に上っている。つまり、「一六〇・四冊」は、司書が常駐し、子どもたちの読書のニーズにきめ細やかに対応できるからこその数字であると考えてよいと思うのだが、他府県では、活動が盛んな学校図書館として新聞記事などで紹介されているところであっても、年間平均貸出冊数が一〇〇冊を超えるところはほとんどない。例えば、「学校図書館大賞」を受賞した山形県鶴岡市立朝暘第一小学校でも一四九・五冊である。[2] それを上回る水準を「全県平均」で実現しているのだから、「一六〇・

四冊」というのは素晴らしい実践を示す数字であると同時に、私にはどうしても不自然な数字のように思えてくるのである。

実は、こうした沖縄県の子どもたちの読書状況については、地元の新聞において、貸出冊数の順調の増加とは裏腹に、県の教育委員会が設定する「貸し出し目標」の「達成」が「優先」されるあまり、「量」が「先行」して、読書の「質」がともなっていないことが指摘されたことが過去にある。さらに、同じ地元紙で、「まだ読んでないのに何で返す?」という父親の言葉に、「返して、また借りなきゃいけない」「週に何冊って決まってるし、みんなで競争しているから」と答える小学校四年生の男児の会話が紹介され、県内の小中学校の読書指導が、「量目的化」し、読書先進県と言われる割には、子どもたちに読書の習慣が根づいていないのではないか、とする問題提起がなされたこともある。[3]

これらの記事では「多読賞」のことは直接触れられていないが、目標冊数が設定されているのであれば、根っこにある問題は同じだろう。沖縄県の小中学校では、この目標冊数の到達度を確認するために、通知表に貸出冊数を記入する欄を設けているところも多い。つまり、貸出冊数が多ければ多いほど先生からほめられるということであり、逆に言えば、冊数が少なければ少ないほど叱られる、ということでもある。

知り合いの司書の方に話を聞いたところ、貸出手続きの際に、「これは読む本」「これは借りる本」と分けて一冊ずつ借りていく子どももいるそうだ。もともと借りた本をきちんと読んでいる子どもであっても、いったん目標冊数を設定されてしまうと、その数に到達したいという潜在的な意識が作用してしまい、一冊の本を味わいながらゆっくり読む余裕はなくなってしまうようにも思う。さらに言えば、貸出冊数が増え続けているということは、司書の仕事もそれだけ増え続けている計算になる。貸出冊数に追い立てられている状態は「読書の自由」とも、

「図書館の自由」ともほど遠く感じてしまう。

〈貸出をすればするほど得をする〉、あるいは〈貸出をしないと損をする〉という仕組みは、図書館の活動を正常な状態から遠ざける要因になるのではないだろうか。今回は貸出冊数のことを取り上げたが、このことは、学校図書館と「図書館の自由」とのかかわりでよく問題になる、読書指導のために貸出記録（書名）を教員が知ることの是非にも通じる問題だと思う。武雄市立図書館のニュースをきっかけにして、足下を見つめ直すことも必要だろう。

1　沖縄県教育委員会作成資料『「学校図書館・読書活動の実態調査」結果のまとめ　平成二二年度実績・平成二三年度状況』二〇一二・一　一頁

2　「（がっこう探検隊）山形県鶴岡市立朝暘第一小学校　朝も授業も図書館で　貸出数三倍に」『朝日新聞』二〇〇七年六月一七日　朝刊三一面

3　「読書『先進県』の影　量は先行質が課題」『沖縄タイムス』二〇〇六年五月五日　朝刊一七面、「意欲引き出す読書を　量目的化、習慣根付かず」『沖縄タイムス』二〇〇八年一月二六日　朝刊二六面

バラエティ番組と「図書館の自由」
プライバシー・レコメンド、怒り心頭?

I

大学の司書課程の授業は、必修科目や専門科目と時間が重ならないようにしないといけないため、五時間目や六時間目といった、遅い時間帯に開講されることが多い。私も週に三、四日ほど、遅い時間の授業を担当しているので、授業が終わって翌日の準備などをしていると、平日は帰りがどうしても夜の一一時とか一二時になってしまう。

ぐったりして帰ってきて、リビングで寝転がってテレビをつけると、ちょうど、深夜枠のバラエティ番組が流れていることが多い。バラエティを見ている時まで、「図書館」のことを考える私も「どうかしてる」と思うのだが、今年(二〇一三年)に入って、「図書館の自由」のことを考えるうえで、対照的な内容の番組があったのでちょっと紹介してみたい。

一つは、「雨上がり決死隊のトーク番組　アメトーーク!」(テレビ朝日　木曜日夜一一時一五分~一二時一〇分放送)という番組の、二〇一三年二月二日に放送された「読書芸人」という企画である。読書好きのお笑いタレントさんが七名集まり、好きな本や作家のこと、神保町の古本屋や書店の回り方などをトークしていくという内容であり、本好きには大いに共感できる内容だったのだが、この番組で私が少し気になったのは、タレントさんたちの自宅の本棚を紹介するコーナーである。

彼らは自分で小型カメラをもって本棚を撮影しながら、各々どんな本が好きかをちょっと自慢げに紹介していく。何冊かは人には見られたくない本もあると思うのだが、恥ずかしそうなようすを見せていたのは『ＫＡＮＥケイン・コスギ写真集』を紹介した光浦靖子さんだけで、他のタレントさんは特に嫌がるようすもなく本棚を撮影してご満悦なのである。もちろん人に見られたくない本はどこかに隠してあるのかもしれないし、最近の芸人さんは、「芸」だけでなく私生活を切り売りしていかないといけないのかもしれないけど、それでも、自分の本棚がテレビで放送されるというのは考えただけでもぞっとしてしまうなぁ……と思いながら見てしまった。

頭んなか覗かれてる様でヤダ

もう一つは「マツコ&有吉の怒り新党」（テレビ朝日　水曜日夜一一時一五分〜一二時一〇分放送）である。この番組は、視聴者から日常生活のなかで感じた腹立たしいことをメールで募集して、そのテーマについてマツコ・デラックスさん、有吉弘行さん、夏目三久さんがトークをするという内容である。

二〇一三年七月二五日の放送分で、視聴者から「他人に真似をされるのが嫌かどうか」という問いかけがあり、有吉さんが「本とか音楽とか真似されるのって結構嫌じゃないよね／なんならちょっと優越感があるくらいで……」と言い出したので、すかさず進行役の夏目さんが「どんな本を読んでいるんですか？」と聞いたところ、有吉さんが「それは言わない」と即答して、スタジオが大爆笑するという場面があったのである。

その後、「どんな本を読んでいるんですか？」という質問はマツコさんと夏目さんにも順繰りに投げかけられたのだが、少し考えて、二人とも「やっぱり言いたくない」という反応である。それを受けて、有吉さんが言った、「頭のなか、覗かれているみたいで言いたくない」という言葉はまさに「アメトーーク！」を見ていて感じた私の違和感を言い当てていて、こういう感覚を持っているタレントさんもいるんだなぁと嬉しくなってしまった。

しかも、有吉さんは別の日の放送（二〇一三年九月一二日）で、自分自身の読書について、「本とかも一冊読むと（最初から最後まで読むこと）だけが目的」で「読み返しても何も覚えていない」し、「ただ字を追ってるだけ」で「そこから何かを見つけようとかは考えない」ので、感想を聞かれると「困ってしまう」とも話している。

ということは、有吉さんの読書内容は必ずしも彼の頭のなかをそのまま表しているというわけではないのだろうし、何を読んでいるかを話すことも本来は恥ずかしいというわけでもないのかもしれない。なのに「頭のなか、覗かれているみたいで言いたくない」と彼が思うのは、何を読んでいるかを誰かに知られることが、自分の意図とは別のところで、内面を勝手に評価されてしまう材料になってしまうことへの不安が隠されているように思われる。

図書館で読書記録（貸出記録）の保護を言う時は、「プライバシー」という観点から説明されることが多いけれど、〈恥ずかしい・恥ずかしくない〉というレベルを超えて、個人の頭のなかにある興味関心や内心のようなものを、自分の意図とは別にズケズケと読み取られてしまうという理由でも保護の対象なるはずだ、と私はいろいろなところで主張してきた。そうした感覚が何気なくバラエティ番組のなかで語られているようで、とても興味深かったのである。

動画サイトやショッピングサイトでは
使い手の履歴が分析され

Ⅱ

勤務している大学の図書館が、再来年度に業務システムを入れ替えることになって、図書委員を務める私は同じ図書委員の先生や図書館の職員の皆さんとともに、このところいろいろな業者からプレゼンを受けている。気になるのはどの業者からも「レコメンド」（過去の貸出履歴をもとに次に借りる本をオススメしてくれる機能）を当たり前のように提案されるということである。

レコメンドにはいろいろな方法があって、個人ごとに貸出履歴を残さなくてもできるものもあるらしいが、大学図書館向けのシステムでは当たり前のように貸出記録を個人単位で残して活用しているようすである。しかも多くのシステムが利用者のレベルではレコメンドのサービスを「利用するか・しないか」の選択ができないものになってしまっている。「図書館の自由」を大事にしたい立場では、貸出記録を個人単位で残すことを全面的に肯定するのはやっぱりためらいがあるし、沖縄の大学では、学生の政治活動もまだまだ盛んで、学生グループと大学が対立関係になることもあるから、大学が一方的に個人の思想信条にかかわるような貸出記録をデータとして保持することはいらぬ対立を招いてしまう恐れもある。こんなこともあって、安易なレコメンドの導入には反対という立場を私は採っているのだが、またまた「マツコ&有吉の怒り新党」（九月一九日放送分）を見ていたら、この問題について考えさせられる話題が出てきたのである。

視聴者からの「怒り」は次のようなものである。

「インターネット上の、あなたへのオススメに腹が立ちます。動画サイトやショッピングサイトでは使い手の履歴が分析され、それをもとにサイト側がオススメを表示してくることがあります。頼んでもいないのに勝手に分析されること自体あまり気に入らないのに、その結果、オススメされるものがたった一度興味本位で再生した動画の類似や、欲しかった商品の一部から連想された、大して欲しくない商品など、自分の好みからかけ離れていることにどうしようもなくイライラしてしまいます」（二〇歳　男性　学生）

ここで指摘されているとおり、確かに、レコメンドサービスはインターネット上にあふれていて、だからこそ「図書館でも」という流れになってきているのだろう。

この怒りメールに対する出演者のトークのなかでまず興味を引かれたのは、有吉さんの「タンスとか、ラックとか買ったのに、またラックをおすすめされる／いらねーよ、ラック買ったばかりだし」というコメントである。図書館のレコメンドでも、例えば、年末におせち料理のつくり方とか年賀状の書き方の本を借りたとして、年が明けたのにいつまでも同じような本を紹介されるみたいなことがあったら、利用者は確かに「いらねーよ」と辟易するだろう。コンピュータにこういうきめ細やかな判断はできるのかなぁと、番組を見ながらやっぱりレコメンドに対しては否定的な感覚を持ってしまった。

ラック買ったのにまたラック

ただし、そのあとのマツコさんのコメントもはっとさせられるものであった。マツコさんは、インターネットショッピングのレコメンドに疑惑を持っ

人為的だったらヤダ

ているらしく、「完全にコンピュータでやってくれるならいいよ／でもちょっと人が見ていたらいやじゃない」と言うのである。つまり、オススメ機能の後ろ側には人間がいて、個人の商品履歴をチェックして、「こいつこんなの買ってるわ／これも勧めてみようかな」「あ、買いやがった！」というように、誰かがその作業をやっていたとしたら怖い、と感じるらしいのである。

図書館でのレコメンドに対する反論としては、「なんでもコンピュータにやらせるのはよくない」「なんのために司書がいるのか」「本の紹介は司書の仕事」という意見も聞いたことがある。しかし、「恥ずかしい」という感覚だけに限って考えると、司書に読書傾向を把握されたり、カウンターで借りようとした本を見てオススメされるよりは、コンピュータに機械的にやってもらったほうがいいという利用者もいるのかもしれない。

かくいう私はどうだろうか。沖縄県内で司書資格が取れるのは私が勤務する大学だけだから、県内の公共図書館や大学図書館のカウンターにいるのはほぼ全員が卒業生である。もちろんプライバシーのことは授業でしっかり教えているから、彼らのことは信頼してはいるのだけど、自動貸出機があるとついついそちらを利用してしまう。他の大学の司書課程の先生たちはどうなのだろう。図書館で働いている皆さんは自分が働いている図書館で本を借りるのかな。

そういえば最近、公共図書館に行って本を借りていないなぁ、ということをしみじみ思った年の瀬であった。

レコメンドは何を目指すのか？

楽曲レコメンドビジネス始まる

I 毎年、大学の夏休みを利用して、人間ドックを受診しているのだが、なぜか私だけ妙に待ち時間が長い。同じ時間帯に受付で申し込みをしているのに、周りの人はどんどん先に検査を済ませて、気がつけば診察室の前の待合室には私一人ということもしばしば。たんに運が悪いのか、時間にゆとりがありそうな大学の先生は後回しにされているのか。そもそも大きな持病がないとわかっているからなのか。

でも、その病院はやたらと待合室の雑誌が充実しているので、時間をつぶす方法には事欠かない。せっかくだから、普段なら絶対に読まないような雑誌を読んでみようと思って手にしたのが、「仕事が楽しければ人生も楽しい！」という、底抜けにポジティブなキャッチコピーがついた『ＧＯＥＴＨＥ』（ゲーテ）という、ビジネスマン向け雑誌の、二〇一二年八月号であった。

この雑誌にはエイベックス・グループ・ホールディングスの代表取締役を務める松浦勝人さんの連載記事が毎号掲載されている。その三四回目に興味深い記事があった。「もう音楽を売ろうとは考えてない／便利さを売るんだ」という、音楽業界のレコメンドサービスを紹介した記事である（四四〜四五頁）。

松浦さんによると、欧米ではすでに、「新旧問わずラインナップされている大量の楽曲のなかから自分の普段聴いている音楽の趣向にマッチした曲が次々とラジオのように流れてくる」サービスが始まっているらしい。そのサービスでは、「ひとつひとつの楽曲の構成やコード進行、ヴォーカリストの声質や詞の内容まで、詳細にわたり解析して、音楽データベースを元にユーザーへリコメンドしていく」のだという。「ユーザー側はどんどん勝手に流れてくる曲の中から好きな曲と興味のない曲が選別できて、さらにそのマッチングの精度はアップしていき、自分の心地よい楽曲を自然と楽しめるようになる」らしい。

さらに松浦氏は、音楽レコメンドの将来像について次のような構想も持っているという。

「楽曲の音楽的解析だけじゃなく、どういうシチュエーションで聴く曲なのか、曲調が春夏秋冬のどれなのか、朝昼晩のいつ聴く曲なのか、何をしている時に聴く曲なのかといったような詳細なカテゴリー分けみたいなものも大事になってくると思う。カテゴリーを選ぶのも面倒くさいという人には、何もしなくても音楽がどんどん流れてくるということだってできるだろう。『家族団らん』とか『寝る前』とかのシチュエーション別に音楽ステーションが用意されていて、そこが自動的に選ばれる。『こういうプロフィールの人は、朝はこういう音楽を必要としている、車で外出時にはこういう音楽を好む』というデータの蓄積があるから、音楽を選べない、ボタンを押すのも嫌だという人には、何もしなくてもその人のシチュエーションにあった曲がどんどん流れてくるという仕組みだって作れる。(中略)これからの僕たちは、この便利さを売ろうと考えている」

II

レコメンドの行く先は、結局のところは「便利さ」であるという指摘はとても面白い。

確かにいまの音楽プレイヤーには何千曲も入れることができるから、仕事をする時や、電車で移動している時になんとなく音楽を聴こうとして、選ぶのが面倒だと思う時もある。選曲に失敗して、ついつい一緒に口ずさんだりして、仕事に集中できなくなることもあるので、シチュエーションに合わせて音楽が自動的に流れてくるのは便利かもしれない。

こうした仕組みは「楽曲レコメンド」とも言うらしく、調べてみたところ、エイベックスでは松浦さんの記事が出た約一年後、二〇一三年一〇月一七日からスマートフォン向けのサービス（月額定額三五〇円）を開始したことも報じられている。*

では、このサービスを図書館のレコメンドに当てはめるとどうなるのだろう。サービスが普及するころには電子書籍が当たり前になっているとして、例えば、通勤途中の電車では短い時間で読めるショートショートが端末に届いたり、仕事中には職種に応じてビジネスに関する最新情報が、夕食を作る時間帯には料理本のレシピが、夕食後には子どもに読み聞かせをするための絵本が、夜寝る前には眠気を誘うような重厚な文学作品が届いたりするというイメージだろうか。落ち込んだ時は自己啓発の本が届いたり？　……うーん。あまり興味がわかないのはなぜだろう。

楽曲レコメンドを図書レコメンドに置きかえて、少し違和感を覚えるのは、松浦さんの構想のターゲットがもともと「ボタンを押すのも嫌だ」という人たちだからかもしれない。そもそも、ボタンを押すのも嫌がるような（私のような）人間は音楽なんて聴かなくてもいいのである。しかし、そうした人にも音楽を無理やりにでも聴かせるのが、松浦さんが身を置いている「ビジネス」の世界なのだろう。私には図書館の本や情報を無理やり届けるというのがどうもしっくりこないのだが、これからの図書館にもそうした「ビジネス感覚」は必要になってくるのだろうか。

図書館界においてレコメンドサービスがなかなか進まない一つの理由は、その精度を上げるためにはどうしても個人単位で貸出記録（貸出履歴）を図書館が大量に保有しなければならない点だと言われている。

Ⅲ

戦後の図書館界が長く育んできた「図書館の自由」という理念のなかには「利用者の秘密を守る」という原則があり、情報漏洩や目的外利用を防ぐ最も効果的な方法として「貸出記録を残さない」ことを長く追及してきた歴史もある。レコメンドはこの原則とどうしても整合性を保てないため、否定的にとらえられることが多いのだろう。しかし、病院の待合室で松浦さんの記事を読みながら、レコメンドの問題は「利用者の秘密」というレベルだけで議論してよいのかな？　という疑問もわいてきた。

「図書館の自由に関する宣言」（一九七九年改訂）には、「第一　図書館は資料収集の自由を有する」の副文として、「多様な、対立する意見のある問題については、それぞれの観点に立つ資料を幅広く収集する」と記されている。この部分は「資料収集」に関する副文として記されているが、「第二　図書館は資料提供の自由を有する」にもかかわるものだと考えてもよいだろう。

つまり、何かのテーマについて対立する意見が存在する場合には、それぞれの立場から書かれた資料をバランスよく書架に並べることで、利用者に多様な考え方があることを積極的に知らせていくことも、「図書館の自由」の理念に含まれていると考えることができるのである。利用者が知りたいこと、興味があることだけにこたえるのが図書館の使命ではないと私は解釈している。

レコメンドサービスの一つに「協調フィルタリング」という機能がある。図書館レコメンドでも、ある利用者が本を借りようとする際に、ＯＰＡＣの検索画面で、過去にその本を借りた利用者が同時に借りた他の本を紹介するサービスが想定されている。

Ａｍａｚｏｎなどのオンライン書店では「この商品を買った人はこんな商品も買っています」という形でずいぶん前から提供されているサービスだが、例えば、いま話題になっている「慰安婦問題」について「旧日本軍による強制連行はなかった」という立場から書かれた本をＡｍａｚｏｎで一冊選んでみると、「この商品を～」の欄には同じ立場から書かれた本や、日本の統治時代を肯定的に論じた本、現代の韓国に対して「こんな国から学ぶべきことなど一つとしてあるはずがない！」と謳う本などがズラリと並んでしまう。一つの考え方だからそれらの本を否定するつもりは全くないが、そこにはプロの司書が棚づくりで配慮するような「バランス」は一切存在せず、同じ立場の本だけがこれでもかこれでもかと押しつけられてくるのである。素人考えで恐縮だが、このフィルタリングをくり返していくと、ユーザーの興味は一つの方向にどんどん先鋭化されていくのではないか、と不安になってしまう。

もちろん、現代の図書館では、ＯＰＡＣでレコメンドを受けたとしても、最終的には本棚に行って本を手に取るから、その時に別の立場から書かれた本に気づくこともあるだろう。しかし、今後、電子書籍として貸出ができるようになると、そうしたフォローも期待できなくなる。技術的には、ある本を検索した際に、反対の立場の本を同時に紹介することは難しくないと思うが、「この本を借りた人はこんな本は借りませんでした」というのはもはやレコメンドとは呼べない気もする。

レコメンドはビジネスには親和性があるが、図書館という公共サービスに取り入れるにはまだまだ課題もあるのではないだろうか。それ以前に、図書館と書店は「似て非なるもの」でよいのではないかとも思う。図書館は書店に近づいて何を目指すのだろう。

＊レコメンド型音楽配信「ＧＡｍｕｓｉｃ」としてサービスを開始したが、一年後の二〇一四年一〇月三一日をもって終了している。

セクシュアルマイノリティと図書館（1）

岐阜・同性愛関係資料盗難事件から考えたこと

I

二〇一四年八月末、岐阜県図書館と岐阜市立図書館において、同性愛や性同一性障害をテーマとする本が大量に紛失している、というニュースが新聞やテレビで報じられた。県図書館で三六冊、市立図書館で二三冊[1]と不明冊数が大量であり、警察へと盗難届が出されたことから事件化したようである。報道によると、所在がわからない資料は『ホモセクシャルの世界史』や『性同一性障害と法』、『同性婚、あなたは賛成?、反対?』といったタイトルであったという。[2]この原稿を書いている時点（二〇一四年九月三〇日）ではまだ本は戻ってきていない。

報道直後、図書館関係の知人たちとこのことを話し合うことがあったのだが、話題の中心になったのは「思想的な背景があるかどうか?」「個人による犯行なのか、組織的な犯行なのか?」ということであった。ここ数年の間に、『アンネの日記』や『はだしのゲン』に関する事件・問題が立て続けに起こったことも影響しているのだろう。同性愛者、性同一性障害者などのセクシュアルマイノリティの存在を嫌悪・否定する立場から資料への攻撃がなされたのではないか、という不安が口々に語られたのである。

こうした話の展開になることはある程度予想していたことだが、いざその場にいると、ちょっとした違和感を覚えてしまった。これが少し前の出来事なら、私たちが真っ先に議論したのは、「プライバシー」の問題だったと思うのである。同性愛や性同一性障害をテーマとした資料を図書館で借りることは、当事者であればなおのこと、周囲に知られたくないと思うだろう。ならば、資料が紛失したからといってすぐに大騒ぎをするのではなく、しばらくようすを見てみる、という配慮も必要ではなかったかと思うのである。また、外部に犯人を求めるだけでなく、図書館の内部にも目を向けて、「利用者の秘密を守る」という基本姿勢が利用者にどの程度伝わっているのか、それが十分に伝わっていないから無断で持ち出されたのではないか、ということもあらためて考えなければならないはずである。

もちろん、今回のケースでは、一つの図書館で二〇冊から三〇冊規模で大量に持ち去られているから、「恥ずかしかった」「借りる勇気がなかった」というストーリーは当てはまらないという判断が図書館側にあったと考えられる。また、両図書館からリストを取り寄せて調べたところ、六タイトル分は重複があった（同じ本が盗まれている）ため、同一の人物（またはグループ）による行為であると仮定すれば、何かの必要性があって持ち出したとも考えづらい。しかしながら、資料が行方不明になった時にすぐに思想的な背景を探ってしまうのも、「いやな時代だなぁ」と、背筋に冷たいものを感じてしまうのである。

II

セクシュアルマイノリティの人々と図書館とのかかわりを調べてみると、図書館利用に困難を抱えているという指摘が非常に多いことに気づかされる。

例えば、『現代の図書館』二〇一二年九月号での特集「マイノリティサービス―社会的包摂と多様性」には、セクシュアルマイノリティの人々を支援するコミュニティーセンター（SHIPにじいろキャビン・神奈川県横浜市）のスタッフによる記事が掲載されており、「図書館や図書室でセクシャルマイノリティの本をみつけたとしても、その本を読んでいるところを他の友人に見られたら、〝同性愛者だと思われてしまうのではないか〟という不安から、目の前の本に手を伸ばすことができずにいます」という記述がある。「〝同性愛〟や〝性同一性障害〟などといったタイトルが書かれている本は、孤立し葛藤している人にとって、自分がそうだと思われることを恐れ、手にしようと考えません」という強い指摘もある。一方で、このセンター内には図書コーナーが設置されており、「大学に進学するため東北から上京してきた。田舎ではこういう本を読むことができない」という若い女性の声も紹介されている。[3]

筆者もこのセンターを一度訪れたことがあったのだが、若い世代の男女が専門書やマンガを読みふける姿を目にした。インターネットの時代ではあるが、ゲイ、レズビアン、バイセクシュアル、性同一性障害、インターセックス、無性愛といった、多様でグラデーショナルなセクシュアルマイノリティの情報が全て得られるわけではない。葛藤を抱える若い時期ほどネットの利用は制約されており（家族共用のＰＣでは履歴が残る、携帯電話を持っていない、フィルタリングがかけられている等）、情報検索のスキルも決して高くない。そもそもネットでは興味のあることしか調べないから、刺激的な方に流されやすく、啓発的な情報へのアクセスはあまり期待できない。確かな情報源として書籍へのニーズはあるはずだが、図書館ではその要求を満たせない現実が存在する。

セクシュアルマイノリティの当事者として様々な活動に取り組んでいる石川大我さん（現在は豊島区議員）のエッセイにも同じような記述がある。

一九九〇年代前半、高校生だった石川さんは、「ゲイ雑誌なんて買えない、ましてや二丁目なんかには行けない」と思いつつ、それでも「〝なんとか情報が欲しい〟という欲求は抑えることができない」。たどり着いた結論は「マジメな本」を読むことだったが、「これも大変な苦労」だった。「もし同性愛関係の本を買うところを見られたり、読んでいるところを見られたりしたら、〝タイガって『ホモ』？〟という冷たい視線を浴び、〝明日からの生活、お先真っ暗〟になると思っていたから」である。「当然、学校図書館は論外。自転車で一五分の池袋もダメ。選んだのは神保町の三省堂」だった。

しかし、いざ書店に来てみると「知らない人に見られることすらイヤだと感じ」てしまう。意を決してセクシュアリティコーナーに向かうが、「ちらっと横目で見て通過」するだけで「精一杯」。何度か書店に通ううちに、立ち読みもできるようになったが、本を棚から取り出す時と戻す時は「最高に緊張して、なぜか一人で顔を赤らめて」「周囲をキョロキョロ」していた。

やっとの思いで購入するができたのは『男ふたり暮らし』と『男と男の恋愛ノート』（いずれも太郎次郎社）の二冊。「〝ゲイ〟〝同性愛〟といった単語がタイトルになかったので買いやすかった」のだという。[4] エッセイでは「学校図書館は論外」とあるだけだが、「知らない人に見られることすらイヤ」なのだから、公共図書館でも同じことだろう。

もちろん当事者であってもそれぞれであるから、図書館を使って情報を得ようとしたという人もいる。当事者と家族との手紙のやり取りを紹介した『カミングアウト・レターズ』には、「高校受験が終わって入学するまでの春休み、僕はその高校のすぐ隣にある市立図書館によく出かけ」、「それまでできるだけ考えないようにしていた問題について、とりあえずいろいろ知りたかったので、他に思いつかなかったから、図書館の性教育コーナーや小説コーナーや、社会科学のコーナーなどで情報を探していました」という男性の手記が掲載されている。彼は図書館で本を読むことによって、「世の中には異性ではなく同性に関心をもつ人々というものが一定数いて生きて暮らしているらしい」こと、「テレビでみるような奇抜な人々だけしかいないというわけでもないらしい」こと、「そういう人々を尊重するという考えもあるらしい」ことを学んでいったという。石川さんと同じく一九九〇年代はじめの、インターネットがまだ普及する前の出来事だが、同性愛の当事者にとって、書籍の情報が命綱になっている（いた）ことが切実に伝わってくる。[5]

この他にも、「図書館で『同性愛』というタイトルの本を借りようとしたら白い目で見られた」という声もある。[6] 短い記述だからはっきりしたことはわからないのだが、まさか図書館員がそんなことをするとは考えづらいから、不安を抱えながら、人目を気にしながら本を借りる当事者には図書館員のちょっとした行動がそのように映ってしまうということなのかもしれない。

III

図書館ではプライバシーを保護することは当然のことだが、セクシュアルマイノリティ関係資料のように、極めて秘匿性が高い資料については、いつも以上の配慮が必要になるのかもしれない。「当事者じゃない立場」で書くのは無意味・無責任、または卑怯だとも言われるかもしれないが、身近な（沖縄県内の）図書館を回ってみると気になる点があったので、とりあえず書いてみる。

- 公共図書館ではセクシュアルマイノリティ関係の本は367・9の棚にあり、「子育てと性教育」「不倫・性道徳」「ジェンダー」「セクハラ」「フェミニズム」などの本が雑多に交じっていた。一方、大学図書館ではNDCが細かく展開されており、同性愛関係資料のみ367・97に細分されていた。他のジャンルの本と区別して棚が作られていると書架の前には立ちづらく感じてしまうので、このジャンルの資料は、あえて分類の展開を浅くとどめるという方法もあるのでは？
- 書架で本を探している時に、排架中の職員（男性）が近くにやってきて、その場所を退くまでじっと見られていた。たぶん367・9近辺の本を返本したかったのだと思うけれど、セクシュアルマイノリティ関係の棚については、利用者がいるときは近づかない、開館前か閉館後に本を戻すなど、デリケートな応対をして

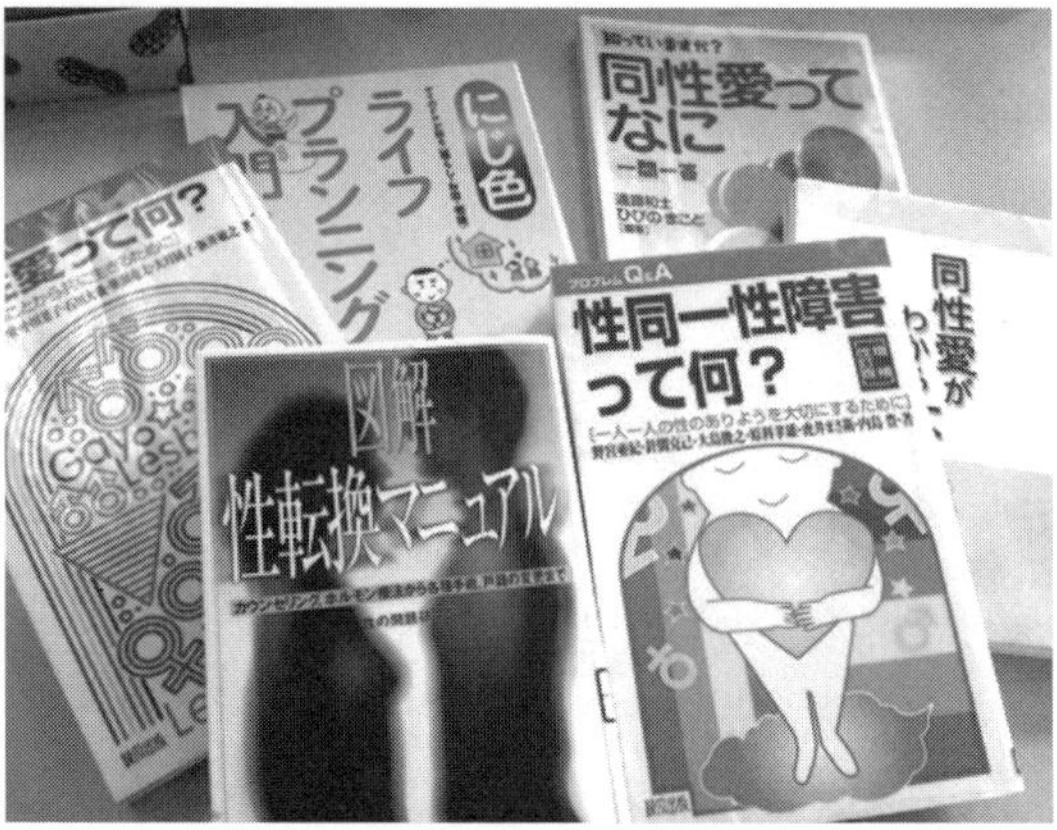

カラフルな表紙と大きく書かれた「同性愛」「性転換などの文字

ほしい。

・「レインボーカラー運動」が盛んになってきているせいか、カバーが派手な色使いのものもけっこうある。大きく「同性愛」「ＬＧＢＴ」「性転換」と書いてあるものもある。一方、大学図書館ではカバーを全部はずしてあって、パッと見るとどんな本なのかわかりづらいのがかえってよかった。このジャンルの本だけはカバーを外した方が手に取りやすくなるのでは？

・縦書きの本は表紙の裏面に、横書きの本は表紙の表面（タイトル面）にバーコードシールが貼ってあった。貼る位置を統一しているのだと思うが、横書きの本は、カウンターや自動貸出機でバーコードを読み取る時にタイトルを職員や周りの人に見られてしまいそう。このジャンルだけでもシールはタイトルが書いていない面に貼ってほしい。

・館内のどこにも「プライバシーを守ります」という表示がなかった。自由宣言のポスターを掲示するのはもちろん、棚の近くに「貸出記録は返却後消去されます」「自動貸出機もご利用ください」「図書館員はあなたの読書には干渉しません」といったサインを出してアピールしてほしい。

・セクシュアルマイノリティの本は一般書架に置かれており、ＹＡコーナーにはほとんどない（ＹＡコーナーそのものがない図書館も多い）。

・カウンターから一番遠い場所に排架されている図書館もあったが、そこでは死角になる分、監視カメラが近くに設置されているのが気になった。利用者の読書を監視するためのものではないことなど、監視カメラの用途をカメラの近くに貼り出してほしい。

Ⅳ

さて、ここまでセクシュアルマイノリティの人々による図書館利用に対して特別な配慮が必要だと書いてきたが、必要と感じつつも、プライバシーを守ることだけがはたしてゴールなのだろうか、という疑問も頭をもたげてくる。

かつてアメリカのある学校図書館で、『ハリー・ポッター』を「悪魔崇拝の書」であるとして制限書架に別置し、読むためには保護者の許可証を持参するよう求めたことがあったという。ある親は自分の子どもにその読書を許したがために、「子どもが〝悪魔〟のラベルを貼られていると感じていた」という。ある本に対するラベリングはそのままその本の読者へのラベリングになってしまうということであろう[7]。

「この本を借りるのはさぞ恥ずかしいでしょうから、特別に配慮をして差し上げます」という図書館の態度は、「セクシュアルマイノリティの人たちは恥ずかしい存在です」という誤ったメッセージを与えてしまわないだろうか。

社会に差別が存在する以上、プライバシーに配慮して丁寧に対応することは大切だが、図書館には教育施設としての役割が他にも何かあるような気がする。この点については次回、もう少し考えてみたい。

1 岐阜市立図書館の被害冊数は当初「二四冊」と報道されたが、そのうち一冊はその後館内から発見されている。(二〇一四年九月一七日、メールにて確認)

2 岐阜県図書館にて不明本となっている資料のリストは県のサイトにて公開されている。同性愛・性同一性障害以外にインターセックスや児童性愛、性教育関係の資料も含まれている。(http://www.pref.gifu.lg.jp/kensei-unei/kocho-koho/event-calendar/sonota/toshokan/tounan.html 二〇一四・九・一九アクセス)

3 吉仲崇・星野慎二「セクシュアルマイノリティと図書館の交差点―SHIPにじいろキャビンの取り組みから」『現代の図書館』(五〇)三 二〇一二・九 一八三〜一九一頁、別の著作でも「図書は買う(借りる)ときにタイトルや中身を意識してしまうため、買う(借りる)のに勇気がいるという話もよく耳にします」という記述がある。(『セクシュアルマイノリティをめぐる学校教育と支援』増補版 開成出版 二〇一二 一六八頁)

4 石川大我『ボクの彼氏はどこにいる?』講談社 講談社文庫 二〇〇九 六九〜七一頁

5 『カミングアウト・レターズ』太郎次郎社エディタス 二〇〇七 四八〜四九頁

6 伏見憲明ほか『「オカマ」は差別か『週刊金曜日』の「差別表現」事件―反差別論の再構築へ』ポット出版 二〇〇二 五七頁

7 パット R・スケールズ著・川崎良孝翻訳『学校図書館で知的自由を擁護する―現場からのシナリオ』京都図書館情報学研究会 二〇一〇 七四頁

セクシュアルマイノリティと図書館（2）

異常性欲・性的倒錯・ホモの見分け方

前回から、岐阜県で起きた同性愛・性同一性障害関係資料の盗難事件をきっかけに考えたことを書かせてもらっている。異性愛こそが正常であるとする世の中では、セクシュアルマイノリティの当事者が資料を切実に求めつつも[1]、それを図書館で借りるのは（当事者にとっては）かなりのハードルがあることは容易に想像できる。読書のプライバシーへのきめ細やかな配慮は求められると思うが、図書館には、秘密を守ることだけでなく、教育施設としての役割が他にもあるのではないだろうか。

私が大学で担当している司書課程の授業では、毎年、堺市立図書館での「BL本騒動」を授業で取り上げて、学生に感想レポートを書いてもらっている。一年前のレポートのなかに「BL本は女性向けのファンタジー」、「同性愛のことは正しく書いていない」と指摘しつつも、「BL本が一冊もない図書館よりも、BL本が一冊でもある図書館の方が、同性愛の人にとってはやっぱり良い図書館だと思う」という感想があったのを覚えている。レポートを受け取った時はこういう感想もあるんだと思うくらいだったが、今回の岐阜県での事件を受けていろいろと考えるなかで、大きな意味があることに気づかされた。

セクシュアルマイノリティの当事者たちが抱える根源的な苦悩は、テレビや周囲の人たちの何気ない言葉などをとおして、「変態」「異常」「気持ち悪い」「化け物」といったイメージを刷り込まれ、自己のセクシュアリティを肯定的にとらえることができない、ということにある。BL本で描かれるのは主に男性同性愛であり、若い男性(カワイイ・カッコいい男の子)同士という限定性はあるが、例えそれがフィクションであっても、不正確であっても、ある種のファンタジーであっても、同性愛を肯定的に描いた作品が図書館の書架に当たり前に置かれていることの意味は小さくないと思うのである。

セクシュアルマイノリティについて書かれた一般書についても、当事者には手に取ることが難しいとしても、彼らを励ますようなタイトルの本が棚にそこに並んでいるだけでも、その存在意義は小さくないと思う。古ぼけて傷んだ本ならばなおのこと、多くの人が手に取ったようすがわかるから、孤立しがちな当事者同士がお互いの存在を身近に感じたりすることもあるかもしれない。貸出が少ないからといって購入を控えたり、すぐに書庫に入れたりすることは控えるべきではないだろうか。

セクシュアルマイノリティに関する情報を切実に求めているのは、当事者だけではない。例えば、なかなか結婚しない息子に対して「ゲイかもしれない」と不安がる母親もいる。カムアウトされた直後で混乱している家族がいるかもしれない。同性愛は心の病であり、治療によって治るものだと誤解している人もまだまだ多いと言う。「育て方が悪かった」と自分を責める親も多いそうだ。もちろん、いまはセクシュアルマイノリティのことはインターネットでも調べられるが、検索結果の上の方に出てくる情報はフリーセックスを推奨している掲示板の書き込みだったりもする。

フリーセックスが絶対悪とは言えないが、当事者ではない人は嫌な気持ちになってそこで調べること・知ることをやめてしまうかもしれない。インターネットの検索に慣れていない世代にはこうした情報量の多さがかえって理解の妨げになる可能性もある。図書館では周囲の人たちにセクシュアルマイノリティの情報を正しく知らせるという立場から積極的に本を集めることもできるし、〝理解する〟とか〝つながる〟というテーマの下で、資料の展示やイベントを企画することもできるだろう。

II

いま私は資料の展示を提案したが、少し古い辞書や事典では「同性愛」を「異常」「倒錯」と説明しているものもあるし[2]、『野茂とホモの見分け方』（扶桑社　一九九六）[3]や『「フェミニズム」と「同性愛」が人類を破壊する』（成甲書房　二〇一〇）といった本が今後も出版され続ける可能性も否定できない。有名人のセクシュアリティを「ホモ疑惑」「レズ疑惑」といった表現で嘲笑する週刊誌の報道も後を絶たない。シビアに考えれば、図書館の書架に並ぶ本は、当事者やその家族を前向きに励ますようなタイトルばかりとは限らないのである。マイノリティに対する差別的な言論はテレビでも日々くり返されているが、「テレビなんかと違って、本は一過性でなくて継続して置かれる」という当事者からの声もある[4]。

もちろん、図書館としてはそれがいくら差別的な内容であっても言論の一つとして認めなければならないし、差別を考える資料としての価値もあるから、それらの資料を収集し、書架に並べる場合もあるだろう。しかし、そうした役割を冷静にはたしつつも、図書館には「セクシュアルマイノリティを否定しない」という姿勢を日常的に発信してほしいとも思う。

例えば、戸籍上の性と外見上の性が異なる場合、利用登録などで性別欄の記入を求められることに抵抗を感じる人はいないだろうか。本名でしか利用登録ができない場合、カードを職員に手渡すたびに違和感を覚えることはないだろうか。そもそも今の図書館は何かのサービスを提供するたびに、氏名や性別などの個人情報の記入を求めすぎていないだろうか。「恋愛本フェア」などを行う時、異性愛の物語だけをセレクトしていないだろうか。

セクシュアルマジョリティが当たり前に感じていることを当然のように押しつけていないか、図書館活動を総点検してみる必要はないだろうか。

Ⅲ

自分自身の言動をふり返ってみると、司書課程の授業のなかで当事者を傷つけるような発言があったことも、恥ずかしながら告白しておきたい。

司書を目指す学生たちには早いうちに図書館への就職の実情を伝えておいた方がよいと思い、一年生向けの導入科目のなかで全国的にみて司書職採用制度が確立されていない自治体が多いこと、非正規職員の比率が高いことなどを説明している。もちろん労働にどのような価値を見出すかは人それぞれだし、私が暮らす沖縄県は民間企業の雇用も相当に悪いため、なにも公立図書館（学校図書館も含めて）の非正規職員の条件だけが悪いわけではないのだが、非正規職員の給与は据え置きの場合が多く、任期つきの雇用も多いから、年齢を重ねるとどうしても図書館の仕事だけでは自立した生活は難しくなる。そうした説明をする際に、ついつい「旦那さんが稼いでくれる女性ならいいけど……」「男性は奥さんや子どもを養えないから、枠はせまくても頑張って公務員試験の勉強をして正規職員にならないとね」といった言葉をなんとなく差し込んでしまっている。

家族を養うのは常に男性の役割だとは限らないから、女性も頑張るべきだし、男性同士、女性同士で家族になれることを考えたら、「旦那さん」ではなく、「パートナー」と言うのが正しい。そもそもこうした発言が口から出ること自体、「女性は男性に養ってもらえるから、安い給与で働かせてもよい」という発想が見え隠れしている。何重にも差別的な意識が表れていて、自分のことながらゾッとしてしまう。

IV

最後にもう一つ、当たり前のことだが、セクシュアルマイノリティは利用者だけでなく、図書館員のなかにもいることに触れておきたい。

中高生の同性愛者が自分の将来について想像する時、「結婚しなくても不自然じゃない職業ってなんだろう」ということを必ず考えるという。異性愛を当然とする社会では、結婚しない人、子どもがいない人へのプレッシャーはまだまだ強い。図書館員という仕事は、あるいは図書館という職場は彼らにどのように映っているのだろうか。

ゲイ・レズビアンとその親との往復書簡をまとめた『カミングアウト・レターズ』には、高校時代の卒業研究として「ムーミン谷とマイノリティ」をテーマとした女性が次のような手紙を載せている。

「ムーミン谷に住むたくさんの住人たちは自由であり、マジョリティ、マイノリティという区別もない。いつか私たちの生きる社会もそうなればいい。本当の意味で多様性を認められる社会にしたい」[5]

「ムーミン」シリーズの第一作は第二次大戦中に描かれている。作者のトーヴェ・ヤンソンは風刺画家として知られていたが、大戦中は検閲に引っかかっては描きなおしのくり返しであった。こうした息の詰まる状況から逃れ、自分だけの自由でのびやかな世界を作り上げるためにこのおとぎ話を書き始めたという。[6]

「ムーミン」にはあまり詳しくないのだけど、一冊一冊に優越をつけず、すべてを大切にするという意味での図書館・図書館員の中立性は、この当事者の女性が「理想郷」と感じたムーミン谷の自由な人々のイメージと重なっているような気がする。個人的な推測でしかないのだが、図書館が持つ自由な雰囲気や多様性への寛容さに惹かれて、図書館員を目指すセクシュアルマイノリティの人々も案外多いのではないだろうか。

思いつくまま書いてみたが、セクシュアルマイノリティと図書館の接点はまだまだあるはずである。

1 前回紹介した男性同性愛者の発言の他にも、性同一性障害の女性の発言として次のようなものもある。「図書館で見た一冊の本が、決定的でした。そこに書かれた一人の話を見て『高校生のときの自分だ!』と思い、まるでつまったパイプが通ったように、自分の今までの苦しみが全て理解できました」(『性同一性障害三〇人のカミングアウト』双葉社 二〇〇四 六四頁)

2『広辞苑』(岩波書店)は第三版まで「同性愛」を「同性を愛し、同性に対する性欲を感じる異常性欲の一種」と説明している。一九九一年刊の第四版では「同性の者を性的愛情の対象とすること。また、その関係」と訂正され、第五版(一九九八年)も同様の説明となっている。第六版(二〇〇八年)では「同性の者を性的欲望の対象とすること」と変更され、説明が性的行動に限定されている点がやや気になるが、対義語としてようやく「異性愛」の説明が追加されている。『大辞泉』第二版(小学館 二〇一二)では「同性愛」の項目には差別的な説明は見られないが、「性的倒錯」の説明のなかに「男性でありながら女性のように、あるいは女性なのに男性のように行動するなどの性的倒錯、また、同性愛のような性対象異常をいう」と記されたままである。『介護福祉用語辞典』(中央法規出版)では、二〇一〇年刊の第五版まで「性欲異常」の説明のなかに、「露出狂」「フェティシズム」と並んで「同性愛」が含まれ、「性的倒錯」の説明でも「同性愛」が登場する。二〇一二年刊の第六版でようやく「性欲異常」「性的倒錯」ともに見出し語が削除されている。ネット版の「大辞林」では「愛情」の説明として、「異性を恋い慕う心」という定義がいまだに掲載されている(二〇一六・四・二二アクセス)。

3 ラジオ番組に寄せられたリスナーからの投稿を一冊にまとめたもの。「好プレーするのが野茂、チンプレーするのがホモ」「危険なプレーが少ないのがレッズ(※浦和レッズ)、危険すぎるのがレズ」といった投稿が一〇ページ分掲載されている。発売後(一九九六年三月)すぐに当事者からの抗議を受け、出版元の扶桑社は出荷停止・書店、取次からの回収を決定している。同年六月には問題箇所を削除した改訂版として『コギャルと子ザルの見分け方』が発売されている。

4「迅速な回収の背景に何があったのか 扶桑社〝ゲイ差別〟単行本回収事件の顛末」『創』一九九六年七月号 一三二頁。引用箇所は同書が書店に置かれることに対して抗議した大阪在住の男性のコメント。

5『カミングアウト・レターズ』太郎次郎社エディタス 二〇〇七 一二一頁

6 冨原眞弓『ムーミンを読む』講談社 二〇〇四 一二三~一二四頁

本にはさまっているもの

忘れものをめぐるいくつかのエピソード

I

勤務している大学の図書館のカウンターに、閲覧席などで見つかった落とし物を入れた段ボールの箱がちょんと置いてある。いけないことだと思いつつも、レファレンスの待ち時間などに、ついついその箱をぼんやりと眺めてしまう（ごめんなさい）。公務員試験のテキスト、バインダー、ルーズリーフ、携帯電話の充電器、折り畳み傘、メガネ、なんだかよくわからないケーブル……。沖縄の学生の経済状況を反映しているのか、水筒や弁当箱の忘れ物も妙に多い。中身が入っていたらどうするのかと心配になってしまうのだが、職員さんに聞いてみると、フタを開けるのも悪いので、しばらくはそのままにしておくらしい。中身を想像すると、なんとも恐ろしい。

図書館での忘れ物と言えば、中学校のころ、とんでもないものを忘れたことがあった。私が中学生のころと言えばもう三〇年近くも前のことだから、今のようにＴｗｉｔｔｅｒやＦａｃｅｂｏｏｋはもちろん、メールさえない時代である。遠くにいる人との交流は電話か手紙しか手段がない。電話は自宅にあったけれど、個人の携帯電話ではないし、そもそも相手の番号がわからなければかけようもない。でも、その人の住所はわかったのである。それは『明星』という雑誌に載っていたのである。中学生だった私は、あるアイドルタレントに夢中になっていて、所属事務所あてに「ファンレター」を書こうと思ったのである。

しかし、ファンレターなんて書き方もわからないから、近くの公共図書館で『手紙の書き方』という本を借りて書いてみることにした。当時のこの手の本には、「ファンレターの書き方」もきちんと掲載されていたのである。試行錯誤の末、これと思う一通がやっと仕上がったので、図書館にその本を返したのだけれど、書き損じた何枚かを本にはさんだまま返却してしまうという大失態を犯してしまったのである。帰り道でそのことに気づいて、真っ青になって図書館に駆け戻って、返却用の棚にあった本をもう一度出してもらったら、幸いその用紙はなかにはさまれたままになっていた。なんとか命拾いはしたけれど、その出来事の印象が強すぎて、ファンレターの返事がもらえたかどうかは記憶が全くない。

大学生になっても、私はまた同じような失敗をしてしまった。年末に年賀状を書いて、年明けに年賀状を受け取ったのだけれど、なんだかどうも違和感がある。よく考えてみたら、年賀状を書いた記憶はあるけど、投函した記憶が全くないのである。そこではたと気がついた。冬休みに入ったころ『年賀状の書き方』という本を図書館から借りて、仕上がった年賀状を一〇枚ほどはさんだまま返却してしまっていたのである。気がついたのは年明けである。一週間ほどしてやっと図書館が開館した日に電話して聞いたところ、「こちらで投函しておきました」と言われてしまった。しかも、「よくあることなんですよ」とのこと。おかげさまで元日に年賀状が届かない、という不義理をしなくてすんだのだけれど、友人にあてた年賀状には「良いお年を　黒沢年雄」とか、「良いお年を　柴俊夫」とかくだらないことを書いていて、もしかして図書館の人に中身を見られたかも、そういえば、電話口でちょっと笑っていたなぁ、と恥ずかしくなってしまったのを覚えている。

Ⅱ

諸橋孝一さんの『図書館で考える道徳』（鳥影社　二〇〇二）という本がある。図書館界ではあまり話題にならなかったように思うが、館内での不道徳な行為、例えば、書き込みのパターンや、館内でのおしゃべりや飲食の実態などを諸橋さん自身が調査した結果が紹介されていてけっこう面白い。授業でもよく学生に勧めているのだが、そのなかに、「本にくっついているもの、残されているもの」という章がある。

諸橋さんの調査によると、スーパーのレシート、サービス券、名刺、キャンディの包み紙、割箸の袋、ヘアピン、馬券、ピンクチラシ、血圧測定結果表、人物が写った写真、銀行定期預金の満期通知のはがき……、などが続々と出てきて、「しおりの代表品」として、「はさめるものはなんでも挟んでしまうといった感がある」のだという。「耳かき、パンツ」といった珍品が出てきたケースも紹介されている。

一〇年くらい前のことだが、公共図書館の職員さんと世間話をしているときに、利用者から「借りた本にこんなものがはさまってました」と手渡されたのが一万円札で困った、というエピソードを聞いたことがあった。それもおそらくしおり代わりにうっかりはさまれたままになっていたのだろう。「それでどうしたんですか？」とたずねると、「その人の前に誰が借りたか調べて返しましたよ」とあっけらかんと一言。それを聞いて、「あぁ、やっぱり図書館は貸出記録を残してるんだなぁ」と思ったことも覚えている。

Ⅲ

ネットで調べてみると、「図書館の本にはさまっているもの」というテーマでの議論はけっこう盛んなようだが、書き込みを読んでいると、髪の毛、ひげ（毛根があるので紙にくっついている）、煙草の灰、食べかす、などなど、しおり代わりにはさまった、というよりは、利用者のモラルが問われるような忘れ物（はさみ物?）が多いことに気づかされる。

かなり前のことだが、学生から「図書館の本を触れない」という相談を受けたことがある。その学生は高校時代にカウンセリングを受けた経験があり、今でも友人との文房具の貸し借りを不快に感じたりするらしく、とりわけ図書館の本は「何かがはさまっているかと思うと怖いし、誰が触ったかわからないし、除菌シートで消毒もできないから（手袋越しでも）どうしても汚く思えてしまう」のだと言う。それでも「図書館は小さいころ好きだったから、司書を目指していいですか?」と問われて、どう答えてよいか考え込んでしまった。

一、二年生の内は座学が中心だからなんとかなっても、レファレンスなどの実習系の授業では図書館の資料を使わなければ課題をこなせないし、司書として働き出した時に図書館の本に触れないというのではやはり仕事にならない。司書を目指すなら、まずは治療に専念して、心の準備が整ってから資格の勉強をするべきではないか……。

学内の専門の先生に相談したところ、こうした症状は若い世代の心の病としては珍しいケースではないらしい。しかも、カウンセリングを受けたり、薬を飲めばすぐに治るものでもないらしく、（素人が思っている以上に）「治療にはお金も時間もかかる」という。その学生は体調を壊して休学して、回復しないまま学内で会うこともなくなってしまった。きちんと答えを伝えられないままになってしまったことを、今も時々思い出してしまう。

Ⅳ

先日（二〇一四年）の同性愛・性同一性障害関係資料大量盗難事件を考えるために、勤務大学の図書館で同性愛や性同一性障害関係の本をこのところよく借りていたのだが、ある時、そのなかの一冊にレシートがはさまっているのに気がついた。

このレシートは、自動貸出機を使った時に印刷されて出てくるものである。そこには一緒に借りた本の書名も印刷されるのだが、それが全てＬＧＢＴ関係のものだったから、「悩んでいる学生もいるのかなぁ……」とぼんやりと考えていて、ふっとあることに気がついた。レシートには利用者ＩＤが印刷されていて、しかもそのＩＤは学生の学籍番号になっているのである。

私の大学のネットワークではメールアドレスの＠マークの前のアカウント部分が学籍番号になっていて、ＴＯ欄に学籍番号を入れると、自動的に氏名が表示される仕組みになっているから、学籍番号がわかれば簡単に氏名を特定できてしまう。慌ててレシートを破って捨てたのだけれど、有名な会社のシステムだからこんなふうにレシートに学籍番号が出てくる図書館はけっこうあるのかもしれない。

大学生にもなれば、自分で自分の情報くらいは守らないといけないと思うが、そもそもレシートに利用者ＩＤを印刷する意味はあるのだろうか。そして、便利だからという理由で、すべての番号が共通化されていく怖さをあらためて感じる出来事でもあった。

西河内さんに聞いてみよう！2

人権・プライバシーをめぐる資料の提供制限についてもっと知りたい

●山口の疑問●　自由宣言の解説書では、「人権またはプライバシーを侵害するもの」として、いわゆる『部落地名総鑑』の問題が触れられています。『部落地名総鑑』そのものは書店で販売されるような本ではなかったので、公共図書館では収集されていないと思いますが、被差別部落の地名を調べることができる行政資料（同和対策事業関係の資料）や古地図など、同じ機能をはたす資料を公共図書館は所蔵しています。そして解説書では、これらを『部落地名総鑑』に類する資料として、提供制限の対象となると説明されています。

古地図や行政資料には、『部落地名総鑑』とは違って、資料そのものには差別性は内在していないと思います。国立国会図書館がデジタル資料として公開している古地図では「穢多村」「非人溜」といった地名がそのまま出てくるものもあって、解説書の説明は現実よりもかなり厳しく書かれている印象もあります。被差別部落の地名を調べることができる資料について、提供制限を原則とする考え方について詳しく教えていただきたいです。

■西河内先生■　かつて関西の企業は、大手だろうが、中小だろうが、新入社員を採用する際には、どこでも身元調査をしていました。被差別部落出身者かどうかを調べていたのです。そうした差別は、表面化しなくなっただけで、現在もなくなったわけではないでしょう。

『部落地名総鑑』のネタ元になった本が、一九三六年に出版された『全國部落調査』という本だと言われています。しかしこの本自体も調査内容がかなりずさんで、間違いも多い。そうした本をネタ本にした差別図書が企業の人事で使われてしまう、という複雑な問題が存在してきたのです。最近（二〇一六年三月）、インターネットサイトの「鳥取ループ」と示現舎という出版社のグループが、この『全國部落調査』の復刻出版を計画しアマゾンで予約注文を開始しましたが、裁判所から出版差し止めの仮処分検定が出されるという出来事がありました。でも、『全國部落調査』は彼らのネット上には一時期掲載されていたので、情報が拡散する危険は続いています。今後、その情報に対して、図書館へレファレンスがきた場合にどうするかという問題は残されていると思います。

もちろん、図書館は人類の記録を次の世代に伝えるところですから、差別図書も含めて収集しておく義務があるでしょう。しかし、私はそれがすべての図書館がなすべきことだとも思いません。例えば、人権問題を研究し、人権教育に責任を持てる大学や研究機関の図書館であれば、歴史資料、研究資料として持っておくことは必要かもしれません。しかし、そうした責任を持てない図書館は所蔵するべきではありません。

本来、資料をどう使うかは利用者によってさまざまですから、図書館がその資料の用途にまで責任を持つ必要はないでしょう。例えば、ミステリー小説に犯罪方法が掲載されていて、もしそれをまねる人がいるとしても、そうした理由で資料の制限を検討し始めたらきりがありません。とすると、被差別部落の地名がわかる資料も、どう使うかは利用者に任せてよい、という意見も成り立たなくはないかもしれません。しかし、そうした考え方は、行政資料、古地図、古文書類も含めて、被差別部落の地名が掲載された資料を「読みたい」と、一般の公共図書館に言ってくる利用者は、「ほぼ一〇〇％、差別を目的としている」という現実から目を背けていると思います。土地調査、身元調査などの「差別の道具」としてしか使われない現実があるのです。

自由宣言の解説書で言う「提供制限」とは「禁止」という意味ではありません。しかるべき手続きを取って、制限をかけながら提供しましょう、ということです。公共図書館にもし扱いに慎重さが求められる古地図類があるなら、事務室内で管理し、研究目的であるかどうか、大学生・院生であれば、指導教官の許可を得ているかなど、を確認したうえで、限定的に閲覧を許可するべきでしょう。

あともう一つ、こうした話をすると、「研究目的だと偽ることもできるので、制限には意味がないのでは？」という反論もあるかもしれません。しかし、それも私には不可解な意見に聞こえます。差別の問題を正面から見つめ、誠実に利用者と向き合う図書館員であれば、そうした嘘は見抜けると思いますし、見抜かないといけないと思います。それが、プロたる図書館員ではないでしょうか。

第三部

自由ノート❷

資料収集・提供の自由を有する

領土と歴史、国家と個人

『国旗のえほん』と『20年間の水曜日』の共通点

I

『国旗のえほん』（戸田やすし企画・編集　戸田デザイン研究室　一九八七）をめぐって、日本図書館協会の選定図書制度のあり方が話題になっている。

この絵本には表紙と背表紙の裏側にある見開き部分に世界地図が掲載されているのだが、二〇一一年一〇月六日付の『産経新聞』において、①北方領土が「ロシア領」に色分けされていること、②日本図書館協会が「戸田デザイン研究室に訂正を求めたところ、同研究室も応じ、（中略）北方領土を日本の色に訂正した」こと、そして、③こうした騒動に対して、日本図書館協会が「『目が届かなかった。領土問題への意識が欠落していた』と釈明した」ことが報じられている。

こうした一連の報道に対して、私は、日本図書館協会が「訂正を求め」、「釈明した」ことに違和感を覚えた。

『産経新聞』は、『国旗のえほん』に続いて、二〇一二年七月七日にも、日本図書館協会の選定図書を問題視する記事を掲載している。ここでは『20年間の水曜日―日本軍「慰安婦」ハルモニが叫ぶゆるぎない希望』（尹美香著　東方出版　二〇一一）を取り上げて、①日韓併合時代の「慰安婦について『強制連行を示す資料はない』とする日本政府の見解に反する内容が一方的に書かれて」いること、②「識者」から「『公的機関が推奨する本ではない』」との批判が出ている」こと、②日本図書館協会は、こうした批判に対して、「韓国では反日的な意見もあるということを知ってもらうために選定した」と説明するとともに、「誤解を招く部分もあるが、前例がないので選定図書を取り消すつもりはない」というスタンスであることを報じているのである。

新聞での報道後、この問題はすぐに自民党内の保守系議員の会議でも批判的に取り上げられ、日本図書館協会の責任者と文部科学省の担当者が出席して、ヒアリングがなされたという。ＹｏｕＴｕｂｅには、いわゆる「電凸」と呼ばれる、日本図書館協会への執拗な電話クレームのようすもアップされており、「公的機関が推奨する本ではない」という世論が拡散されようとしている。

日本図書館協会の「図書館の自由に関する宣言」（一九七九年改訂）では、「多様な、対立する意見のある問題については、それぞれの観点に立つ資料を幅広く収集する」と記されている。過去の出来事が個人の視点から書かれる場合に、その解釈や評価が異なるのはよくあることだから、多様な観点から書かれた資料をバランスよく選ぶことが図書館には求められる。この考えは選定図書制度にも当てはめることができるだろうし、もし現在の選定制度がそのようになっていないのであれば、今後、選定作業の仕組みを見なおしていけばよい。

もちろん、「強制連行を示す資料はない」という立場をとる人たちにとっては、この本の内容はすぐには受け入れられないものだろう。しかし、反対に、韓国でどのようにこの問題が語られているかが日本に全く伝わってこないのも怖いことなのではないだろうか。先日、知り合いの方とこのことを話す機会があったのだが、「自分の考えとは合わない内容の本なんて自分のお金でわざわざ買いたいとは思わないのだから、図書館にはむしろ積極的に買ってほしいと思う」とおっしゃっていて、なるほどと感心した。

だから、『20年間の水曜日』に関して、新聞で報道された日本図書館協会の「取り消さない」という対応は正

図１　北方領土が日本領の色になっていない地図は他にもある？

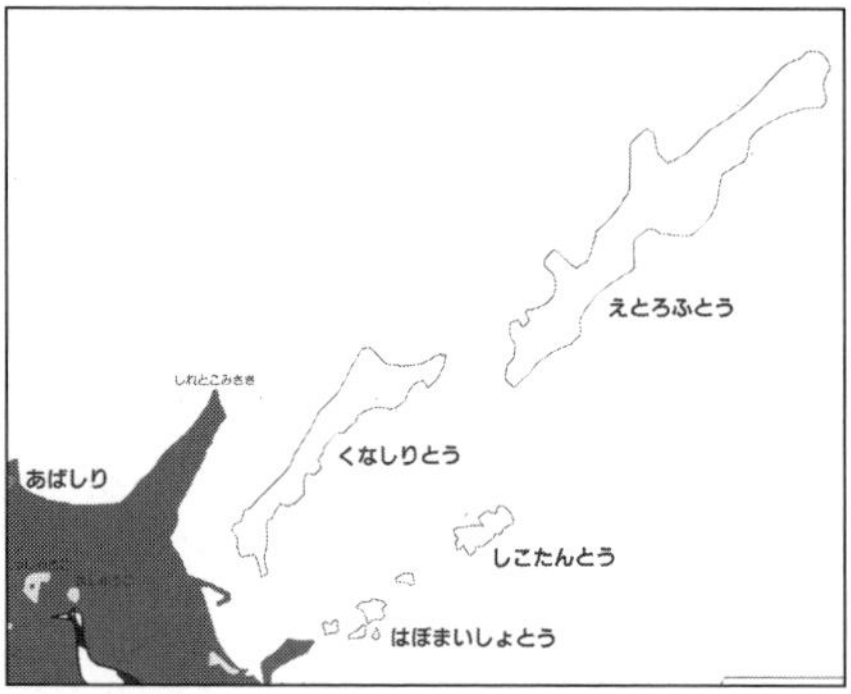

『こどもがはじめてであう　にっぽんちず絵本』（とだこうしろう作・絵、戸田デザイン研究室、1991、p.9、p.49）
1991年9月刊の初刷と1998年7月刊の28刷では、①北方領土が日本と同じ色で縁取りされ、白抜きになっている地図と、②日本領以外（他国領は全て同じ色）に色分けされている地図が掲載されている。

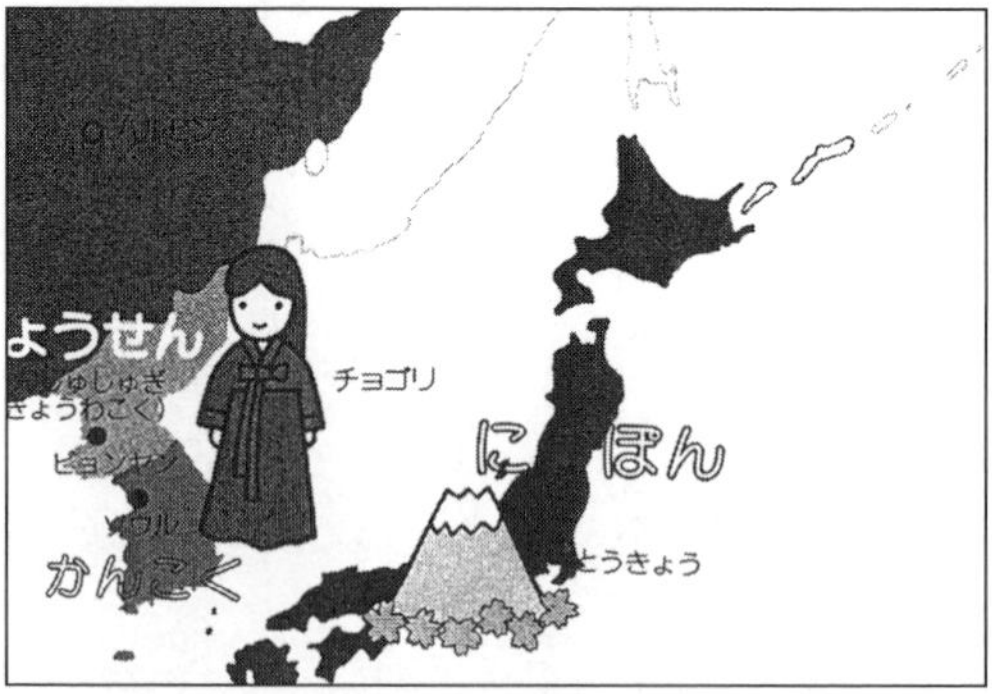

『こどもがはじめてであう　せかいちず絵本』（とだこうしろう作・絵、戸田デザイン研究室、1992、p.11）※日本図書館協会選定図書
1992年10月刊1刷では択捉島と国後島は日本と同じ色で縁取りされているが、白抜きになっている。※現在（2016年6月時）の刷では日本と同じ色に変更されている。

しかったと思う。しかし、ここでどうしても私が疑問に感じてしまうのが、冒頭に書いた『国旗のえほん』の報道である。報道されていることが事実だとすれば、日本図書館協会は北方領土を日本領としなかった出版社に対して「訂正」を求め、協会自身の領土問題への意識の欠落を「釈明」したとことになっている。しかし、同記事では、作者には「日本の領土なのに、日本人が行き来できない不正常な状況を表現するため、あえてロシア領の色にした」という明確な意図があったとも伝えられている。

同社が出版しているその他の地図絵本でも、北方領土が日本領の色分けにはなっていないものがあるので（図1、うち一冊は日本図書館協会選定図書）、記事に書かれているとおり、出版社としての明確なポリシーの下でそうした表現がなされていると考えるべきだろう。国家の見解と一個人の認識が違っているからといって、その「訂正」を求めることは、日本図書館協会の選定制度の役割なのだろうか。

領土認識は歴史認識に基づく部分があるから、二冊の問題は同列に考えてよいだろう。新聞報道が正確ではない可能性ももちろんあるが、私には、『20年間の水曜日』での対応と比べてずいぶん異なって見えてしまったのである。

II

この騒動でもう一つ気になったのは、掲載されている「地図の大きさ」が全く報道されていないことである。

実際に絵本を取り寄せて見てみたところ、問題の地図は絵本の見返しの部分の二箇所に印刷されており、肉眼で確認できるのは国後島と択捉島の二島だけであって、歯舞群島と色丹島は最初から存在しない（ように見える）。しかも確認できる二島は、本の見返しのノドのところにかかっていて、何度も開閉した本であれば、紙がすり切れて見えなくなるくらいの位置に描かれているのである。大きさも一ミリから二ミリ程度であり、ロシア領を

図２　鉛筆の先が指しているのが国後島と択捉島

示すピンク色は背景の海の水色との境界線が曖昧なため、意識的に見ようとしないと確認が難しい。

記事では、「同研究室（出版社）によると、絵本は二〇年以上にわたり、五〇万部以上発行されてきたが、こうした指摘は今回まで一度もなかった」と伝えられているが、正直なところ、「気づかなくて当然」と思うくらいの小ささなのである。もちろん、サイズが小さければ、領土の色分けを間違えてよいということにはならないし、どんなに小さくても、間違いに気づくくらいの領土への関心はつねに持つべきなのかもしれない。ただし、この絵本に対して、インターネット上で、「子どもが洗脳される」「売国絵本」という批判が次々に上がっていることに対しては、この絵本を実際に手にとってみると、それはちょっと大げさでは？　と思ってしまう。そして、新聞報道は情報をあえてふせてこうした世論を誘導しているようにも感じてしまう。私がそう思うのも「大げさ」なのだろうか。

III

先日、この問題について詳しい方に話を聞く機会があり、日本図書館協会が「訂正」を求めた（と報じられた）背景について、新聞では報道されていないことがいくつかわかってきた。

図3　『国旗のえほん』の初期の刷では国後島・択捉島は日本領に色分けされていた

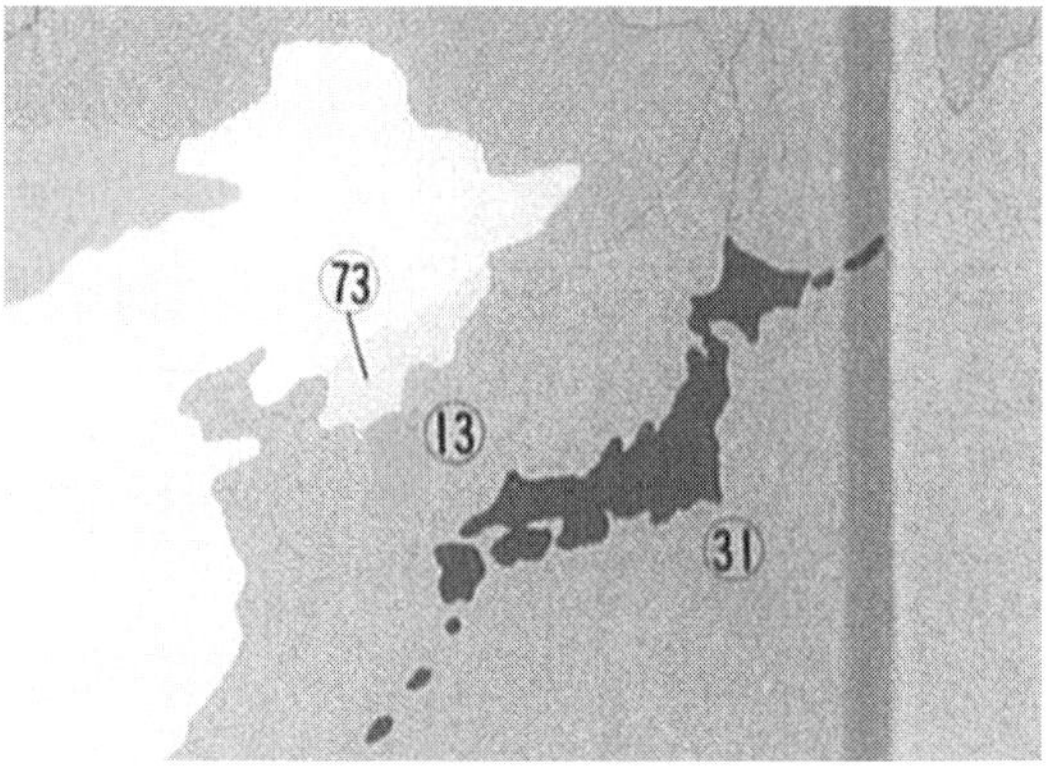

『国旗のえほん』は、報道された当時の刷では北方領土がロシア領に色分けされていたのだが、「選定図書に決まった当時の刷では日本領に色分けされていた」というのである。小さな記事なのでうっかり見落としていたのだが、『図書館雑誌』を読み返してみると、確かに、二〇一一年一一月号の「NEWS」欄のなかで「選定図書『国旗のえほん』について」と題する日本図書館協会の対応が記載されており、

「実際に協会が選定対象とした初刷（一九八七年）では、北方領土は日本領としているので、新聞記事の指摘は当たらない」

「一九九四年の二八刷までは北方領土は日本領として色分けされているが、同年の二九刷以降はロシア領とされ今日に至っていることがわかった」

と報告されている。

念のため、国立国会図書館に所蔵されている同書の最も古い刷（一九八七年一二月刊の第三刷）のカラーコピーを取り寄せたところ、この記事のとおり、二か所の地図とも北方領土（択捉島と国後島）は日本領の色になっている（図3）。国立国会図書館に同書はもう一冊あり、一九九二年二月刊の第二二刷も日本領の色のままである。つまり、日本図書館協会としては、出版社や作者個人の領土認識云々を問題にしたのではなく、選定された当時の内容が変わってしまうのはルール違反だから、元に戻してほしいということで「訂正」を求めたということらしい。

こうした経緯があって、訂正を求めたというのはひとまず理解できる。しかし、新聞記事では、あえてふせられているのか、初刷では日本領だったことはどこにも触れられていない。日本図書館協会はこうした情報をもっと広くメディアを使って公開した方がよかったのではないか。事実を正確に伝えてくれない報道と、図書館界の消極的な対応が、選定制度への誤解を増幅させ、今回の『20年間の水曜日』の騒動を招いたのではないか、とも考えてしまう。

Ⅳ

『国旗のえほん』をめぐる選定問題については、少し話はそれるかもしれないが、もう一つ書いておきたいことがある。

『国旗のえほん』の問題が報道された直後、インターネットの掲示板では、「日本の領土なのに、日本人が行き来できない不正常な状況を表現するため、あえてロシア領の色にした」と報じられた作者の考えに対して、「詭弁」「よくわからない」「ふざけた弁明」といった批判的な意見が圧倒的多数を占めていたのを覚えている。もともと作者には「反日的」な思想があって、「子どもたちに間違った領土認識を持たせようとした」という陰謀を実しやかに囁くものもあった。

確かに、子ども向けの絵本で、しかも、鉛筆の先ほどの小ささの地図を使ってそうした意図を表現しようとした点はすんなりとは理解しづらい。正直に書くと、「陰謀」とまでは思わなかったものの、「よくわからない」というネットの意見とは近い感想を私自身も持ってしまったのである。

しかし、今回の原稿を書きながら、勤務する大学の研究室から窓の外をぼんやり眺めていて、私はあることに思いいたった。「不正常な状態を抗議する」ということに限定して考えると、北方領土をロシア領と色分けするという方法も「なくはない」と思ったのである。

私が住む沖縄県には広大な米軍基地と関連施設があちこちにある。大学から、道を一本はさんだすぐ側には普天間飛行場が横たわっている。滑走路に平行に並んだ建物にある研究室の窓からは、オスプレイが離着陸するのが毎日のように眼前に見える。ゲートには見張りの兵士が立っていて、フェンスの向こう側に私たちは簡単には入れないのだから、そこは日本（沖縄）であって、日本（沖縄）ではない土地である。

現実にはそのよう状態なのだから、例えば、「反米保守」や「琉球独立」の立場から書かれた本のなかで、米軍基地がある場所が「アメリカ領」に色分けされていたとしても、私は、それを怒りに満ちた抗議の表れとして受け取るだろう。極端に言えば、沖縄全体がアメリカ領になっている本があっても、その作者や出版社をすぐさま「反日的」とか「詭弁」だと決めつけることはできないと思ったのである。

『国旗のえほん』をめぐる問題を、「選定時の状態に戻すべきだ」と言って終わらせるのは簡単である。しかし、それだけでは片づけられない論点が含まれているようにも思う。領土に関する関心が高まるなかで、今後、同種の攻撃は選定図書制度だけでなく、各図書館の蔵書に対しても向けられるかもしれない。選定図書制度の問題だけに単純化・矮小化せずに、「図書館の自由」や「表現の自由」、「言論の自由」の立場からも考えてみるべきではないだろうか。

〔追記〕

本書の刊行にあたり、地図の転載許可をいただくため、発行元の戸田デザイン研究室に連絡をいたしましたところ、この記事が前提としている新聞報道に不正確な点がある、ということを代表取締役・戸田靖氏より指摘いただきました。戸田氏からの許可を得てここに掲載させていただきます。

①戸田デザイン研究室が出版している『にっぽん地図絵本』『せかい地図絵本』では、本記事のなかでも指摘されているとおり、北方領土四島の色分けについて、試行錯誤・熟考した結果、例えば佐渡島などと同じく日本の色に塗るのではなく、日本国として日本人が正常に行き来すらできない状況を考え、日本の色と同じ色の罫線だけにする、という独自の表現方法をとっている。

②しかし、『国旗のえほん』の北方領土の色分けについては、国旗を紹介するという本の性質上、または、地図の正確さ・大きさ（小ささ）などからわかるように、北方領土の問題を意図的に表現したものではなかった（意図的な改変ではなかった）。

③『国旗のえほん』は、昭和六二年の初版時は、北方領土は日本の色になっていた。その後、二〇年以上、重版をくり返しているが、色の変更が生じた理由としては、ソ連やユーゴスラビアなどの解体で国の数が変わり、本のページ数も増え、世界地図の色分けも変わるなど、何度も改訂を経るなかでミスが生じたことが考えられる。そのため、読者からの指摘を受けてすぐに修正している。

④新聞報道では、『国旗のえほん』の色の変更について、「不正常な状態を表現するために、あえてやった」と報じられたが、②のとおり、そうした意図はなく、①の話と混同されて紹介されている。

⑤この記事が出る数週間前に日本図書館協会から手紙をもらったが、「北方領土の色分けについて最近、多数

の意見がきている」という事実の報告と「これによって選定図書を取り消すことはない」とする内容であり、新聞記事にあるような「訂正を求める」内容ではなかった。

ホテルに聖書がある理由

学校図書館に『はだしのゲン』しかない理由

いい歳をして恥ずかしいのだが、出張先のビジネスホテルに着くと、ティーバック、歯磨きセット、シャンプーなどなど、タダで（もちろん合法的に）持ち帰られるものはないかと物色してしまう癖がどうしても抜けきれない。しかし、意地汚く探し回ってしている最中に、机の引き出しのなかに『新約聖書』がぽつんと入っているのを見つけしまって、なんだか神様に叱られたような気分になってしまうことが時々ある。

よく考えてみると、ごく普通のビジネスホテルにけっこうな確率で聖書が置いてあるのはなかなか不思議な光景である。「クリスチャンの創業者のホテルなのかな？」となんとなく思っていたのだが、調べてみると、必ずしもそういうわけではないらしい。

クリスチャンには、就寝前に聖書を読んで祈りをささげる習慣があるらしく、出張先に分厚い聖書を持ち歩くのは大変だという要望を受けて、ビジネスマンを会員とする「日本国際ギデオン協会」という財団法人が、全国のビジネスホテルや旅館に聖書を無料で寄贈しているらしいのである。そういえば、ホテルの聖書にはたいてい「ギデオン協会」と印字されているような気もする。

このことを調べてみようと思ったのは、先日、長崎のあるホテルに泊まってびっくりしたことがあったからである。

そのホテルには、鏡台の脇にマガジンラックが備えつけられており、ホテルのサービスを案内したリーフレットや周辺の飲食店マップなどの他に、二冊の本が目立つように前面に差し込まれていた。自費出版らしきソフトカバーの本が一冊、もう一冊はISBNがついたハードカバー本で、市販されているものらしい。目次をみると、いずれも「戦後、語られてきた戦史の嘘」「自虐史観から脱却せよ」「謀略によって捏造された南京大虐殺」といった文字が躍っている。いわゆる「保守的」な立場から書かれたものらしいのだが、ビジネスホテルに聖書じゃなくてこうした本があるのは珍しいのでとても驚いてしまった、というわけである。

ホテルに聖書がある理由は先に書いたようなことらしいのだが、長崎の某ホテルにこうした本があるのは、どうやらその企業グループの代表取締役が書いた本だからということのようだ。

ホテルにこうした本があると、なんだか政治的思想を一方的に押しつけられてくるようで、不快に感じる人もいるかもしれない。もちろん嫌ならそのホテルには泊まらなければよいだけの話だから、文句を言う筋合いは全くない。しかし、公共機関である図書館はこういうわけにはいかない。

「図書館の自由に関する宣言」（一九七九年改訂）には「図書館は資料収集の自由を有する」という原則があり、その副文で「多様な、対立する意見のある問題については、それぞれの観点に立つ資料を幅広く収集する」と定めている。特に歴史的な出来事については、著者の思想信条の違いによって大きく主張が異なることがあるから、図書館がある特定の思想的立場を支持しているわけではないということを説明するためにも、バランスのとれた資料選択を行うことは重要である。

この連載でも何度か取り上げたが、『20年間の水曜日』や『国旗のえほん』『大きな輪』『はだしのゲン』など、このところ図書館の資料選択に対して、思想的な反発を理由にした批判・攻撃が増えてきている。ホテルでのエピソードは、「資料収集の自由」という原則の重要性が、現代の図書館にとってますます高まってきていることを改めて考えさせられる出来事であった。

III

昨夏、『はだしのゲン』の閲覧制限騒動が起こった時、私のところにも県内の新聞社やテレビ局などから取材の申し入れが数件あった。松江市教育委員会が閲覧制限を決定した理由は「残虐な表現」にあったようだが、もともとの批判の矛先は『ゲン』に表されている思想的な立場（歴史認識）にも向けられていたと報じられている。

このことを意識しながら、取材への返答としては、図書館界には「それぞれの観点に立つ資料を幅広く収集する」という原則があることを伝えたのだが、そう言いながら、私にはどうしても引っかかることがあった。歴史認識をめぐって異なることが書かれた本を「幅広く収集する」ということは、公共図書館では難なくできるとしても、学校図書館でもできるのか、ということが気になったのである。

『はだしのゲン』騒動について考えるために、過去の資料を調べていたところ、岡山市の学校図書館で、『おくにことばで憲法を』（大原穣子著　新日本出版社　二〇〇四）という一冊の絵本の存在が問題になったという報告を目にした*。

この絵本には「憲法の解釈に自分の思いが入り、憲法を変えることに対して反対であるという姿勢が見え隠れ」し、「学校図書館の『平和集会』行事でこの本を朗読することには問題があるという意見が教員からあがった」

のだという。最終的には、「行事を成功させることが重要なので、資料のことでトラブルは避けよう」という「図書館教育部会の一人の担当教諭の判断」により、「他の作品に差し替え」ることになったらしい。

図書館の自由の原則に立てば、護憲の立場から書かれたものだけでなく、憲法改正の必要性を取り上げた本もバランスよく紹介することで、子どもたちに幅広く知る機会を与えるような方向で、行事内容を練り直すことが望ましいということになるだろうか。ただし、そうした対応をとるためには、『おくにことばで憲法を』と同じように、改憲の立場から書かれた本で、小さな子どもにもわかるように説明した絵本類が出版されていることが前提となる。

ところが、オンライン書店で、憲法問題を扱った児童書を探してみても、出てくるのは、護憲の立場のものばかりであり、はっきりと改憲を主張する立場から書かれた子ども向けの本は見つけることができない。その背後には、子どもの知る権利や人格を積極的に認めるのか、それとも、子どもを保護すべき対象とみるのか、という、それぞれの立場の〈子ども観〉の違いがあるのかもしれない。このような資料の集めにくさは、『はだしのゲン』騒動での歴史認識上の対立にも共通するのではないかと思うのである。

自由宣言は「それぞれの観点に立つ資料を幅広く収集・提供する」ことを求めつつも、多様な立場から資料が出版されない分野があることを想定していないのではないだろうか。学校図書館で「図書館の自由」を実践することは難しいとよく指摘されるが、その理由の一つにこうした出版事情とのかかわりもあるのではないだろうか。そしてなによりも怖いのは、バランスのとれた資料選択ができない現実が、「中立性」という名の自己規制に転じてしまうことである。

思想的な対立を学校図書館でも無視することが難しくなってきた今日、それぞれの観点に立つ資料を幅広く収集できない場合も想定した「学校図書館の自由」のあり方を検討しておく必要があると思う。

＊「『図書館の自由』を考える――中学校の現場から」『学校図書館問題研究会　第四回研究集会記録』学校図書館問題研究会　二〇〇六　三四～三五頁

『アンネの日記』破損事件は「図書館の自由」を試している

Ｉ

島根県・松江市で起こった『はだしのゲン』閲覧制限騒動が飛び火し、昨年（二〇一三年）の終わりごろから、各地の地方議会へと学校図書館での撤去・閲覧制限を求める陳情が次々に寄せられている（東京都内でだけでも一四自治体にものぼる）。こうした動きに対抗するべく、『ゲン』の自由閲覧を求める運動団体も次々に結成されており、先日、その一つから私のところにも「呼びかけ人になってほしい」という依頼があった。本誌も含めて、いくつかの雑誌で『ゲン』騒動にコメントをしたものが目にとまったからだろうか。

しかし、私は呼びかけ人にはならなかった。

撤去や閲覧制限を求める動きはとんでもないと思うし、学校図書館も含めて図書館での自由閲覧を求める運動にもはちろん賛成である。しかし、事前に見せてもらった住民運動の請願書には、「『ゲン』は良書だから閲覧を制限してはならない、撤去してはならない」という趣旨の文章が書かれていた。私には、この「良書」という部分がどうしても引っかかってしまったのである。

この連載でも書いたつもりだが、私が第一に伝えたかったことは、『ゲン』が素晴らしい資料だから閲覧を制限してはならない、ということではなかった。あらゆる資料へのアクセスを保障するべき、という観点から、図書館は『ゲン』と異なる立場の資料も含めて、あらゆる資料を誰もが自由に閲覧できるようにしなければならない、ということを書きたかったのである。もちろん個人的には『ゲン』は原爆被害について多くのことを伝えてくれる資料だと思っているが、それとは別に、今回の騒動ではそのなかで描かれる歴史認識が批判の対象となっていることもあり、その点では『ゲン』を批判する言論があってもよいと思うのである。

「良書」の存在を認めることは、「悪書」の存在を認めることにつながりやすい。自由閲覧を求めて運動する人たちが、『ゲン』を批判する言論を一方的に「悪」ととらえているわけではないと思うのだが、図書館学の立場からは、「良書だから制限するべきではない」とする運動の賛同人となってよいか、自分が伝えたかったことと矛盾が生じるのではないか、図書館への誤解を招くのではないか、と悩んでしまい、どうしても呼びかけ人になるという決断をすることができなかったのである。

II

二〇一四年二月、『アンネの日記』や第二次世界大戦下でのユダヤ人への迫害やホロコースト（大虐殺）をテーマとする資料が、東京都内を中心に複数の公立図書館で大量に破り捨てられていることが新聞やニュース番組で大きく報じられた。被害に遭った資料のなかには、『小川洋子対話集』（幻冬舎）や『地球の心はなに思う　おはなしのピースウォーク』（新日本出版社）など、ＯＰＡＣで内容細目を調べなければならないものまで含まれているという念の入れようである。

国際問題へ発展することを懸念してか、その捜査には「警視庁捜査一課」が乗り出し、同年三月七日には無職の男性が容疑者として逮捕されることになる。図書館での資料提供をめぐる出来事としては、これまでに類を見ない、非常に大きなニュースとなったと言っても過言ではないだろう。

犯行動機には政治的・思想的な背景はなかったと報道されているものの、報道当初は記憶に新しい『ゲン』の騒動を引き合いに出しながら、「ユダヤ人の大虐殺はなかった」「ガス室はなかった」というような歴史認識（歴史修正主義）に基づく動機があるのではないか、とする懸念もかなりの信ぴょう性をもって伝えられていた。

にわかには信じがたい話だが、調べてみると『マルコ・ポーロ』（文藝春秋）という月刊雑誌が、一九九五年二月号にて「ナチ『ガス室』はなかった」と題する記事を掲載し、国際的に抗議を受けて廃刊となった問題があったようだ。記事には確かに「『ユダヤ人絶滅』などをドイツ政府が計画、実行したことは、一度もなかった」（一七三頁）と記され、廃刊騒動後も、何冊かの関連書籍が出版されている。最近でも、『眠れなくなるほど面白いヒトラーの真実』（日本文芸社　二〇一三）という新書本が、「最終的なユダヤ人の扱いについては諸説あります」（三七頁）と記し、ホロコーストを実質的に否定している部分があるとして、出版後一か月で抗議を受けて回収する騒ぎがあったから、日本国内にもそうした言論は以前から存在するのだろう。

『アンネの日記』と「ガス室」関係資料

こうした経緯を知ってか、『朝日新聞』（二〇一四・二・二八朝刊）は、事件の背景に「ユダヤ人虐殺がうそならば、南京事件や慰安婦問題だって全否定でき、日本は悪くないと主張できる」という「ゆがんだ発想」があるのではないか、とする識者のコメントを掲載している。一方、『読売新聞』（二〇一四・三・四朝刊）は社説のなかで「日本は、戦前も含め、反ユダヤ政策に同調したことはない」と述べ、今回の事件を「日本の右傾化」の現れとする論調を牽制する動きを見せている。

Ⅲ　誤解を恐れずに言うと、「図書館の自由」という立場から一連の報道を見つめる時、やはり気になるのは、『アンネの日記』は素晴らしい資料だから傷つけることは許されない」という論調がほとんどであったということである。ここで私が言いたいのは、もちろんユダヤ人への差別を容認するということではない。資料を破棄することが許しがたい行為であることには異論はないのだが、「あらゆる思想の本を（少数意見も含めて）等しく提供することが図書館の役割だからこそ、資料を破棄することが許されない」という、前段の部分がもっと積極的に報道されてもよかったのではないだろうか、と考えてしまうのである。

例えば、下村博文文部科学大臣は、『アンネの日記』を「痛ましい出来事を後世に語り継ぐ人類共通の文化遺産」であるとして、今回の事件について「多くの人々の心を傷つけ、許し難い犯罪」（二〇一四年二月二八日閣議後の会見）と発言されつつも、『はだしのゲン』の騒動では、「有害図書規制」を例に挙げながら、「発達段階における教育的配慮があっても、それは一つの考え方」として、教員の監督下での閲覧制限を容認する発言をされている（二〇一三年八月二一日記者会見）。

もちろん、「破り捨てろ」とまではおっしゃっていないが、『ゲン』の閲覧が制限されても「心が痛む」ともおっしゃってない。先生の許可なしに読めない本は、子どもたちにとっては「悪い本」であり、結果として自由に読めなくなるという意味では大きな違いはなく、『アンネ』と『ゲン』の間でずいぶん対応が違って見えるのである。このことは、下村大臣の発言が特別だということではなく、「素晴らしい本だから……」「良い本だから……」という考えは、「悪い本なら……」という考えと表裏一体であることが多いということだろう。今回のアンネ事件でも表層的には同じ方向にまとまって見えても、世論と図書館、政府と図書館とは別の方向を見ていたように思えてならない。

この連載でも取り上げたが、ここ数年、『ゲン』以外にも、『国旗のえほん』『20年間の水曜日』『大きな輪』など、歴史認識や政治的な立場の違いを理由とした図書館資料への攻撃が相次いでいる状況を考えると、こうした事件は今後もくり返されていく可能性もある。アンネ・フランク・ハウス財団や善意の利用者から『アンネの日記』や関連書籍の寄贈を受けたという心温まるニュースが流れるなか、水を差すようにもとらえられてしまうかもしれないが、国民的な関心事となった大きな事件であるだけに、「図書館の自由」について国民に広く知ってもらう機会ととらえ、図書館側からもっと積極的な発信がほしかった、と思うのである。

IV

アンネ事件をきっかけに「図書館の自由」についていろいろと考えている時に、『みんなの図書館』二〇一四年四月号に気になる記事を目にした。

「図書館九条の会」のコラムのなかで「三年前の沖縄」での出来事として、「（普天間基地問題を抱える宜野湾市の）図書館へ行くと……地域資料架には普天間基地関連の資料を探すのは苦労するほどに少なく、しかも棚に埋もれて探すのに時間がかかりました」、「（住民運動団体の）名称・足跡・所在・数など」について「地域の図書館で存在が分かるように……市民権を確保してほしい」と指摘されていたのである。[1]

沖縄、そして宜野湾市は仕事の関係で私が一五年ほど暮らしている地域である。毎年、六月二三日の「慰霊の日」に沖縄戦関係の資料を展示する図書館は多いし、宜野湾市の図書館でも基地問題を取り上げた一般図書はかなり専門的なレベルのものまでしっかり集められていると感じるので、「探すのは苦労するほど少ない」という印象を持ったことは個人的にはない。保守的な立場の資料も意外に多く、その集め方にも特に偏っている印象をもったこともない。

ただし、宜野湾市の図書館にて話を聞いたところ、「基地問題」にかかわる運動団体の活動を住民に知らせるという視点から、チラシやビラ、ポスター、機関誌なども含めて積極的に集めようという取り組みは継続的にはなされていないということであった。私が勤務する大学も宜野湾市にあるのだが、学内外で開催された集会や学習会、講演会などで配られたレジュメ類が図書館で熱心に集められていたのは一九八〇年代までのことであり、その後、基地問題が長期化するなかで集められなくなって、いつの間にかコーナー自体もなくなってしまった。基地問題は宜野湾市だけが抱えるわけではない。他の地域の図書館でも同じような状況だろう。

沖縄県内はいま普天間基地の移設をめぐって二つの立場が大きく対立している。双方の運動団体の情報・資料を集めることで学習の機会を与えていくことが、図書館のミッションだろう。そういえば、一年ほど前に来沖されたある先生も講演会のなかで「沖縄の図書館だから、基地問題のコーナーがあるかなと思ったけど、なかった」「基地を〝問題〟化したらダメなのかな?」ということを指摘されていて、ドキッとしたことも覚えている。[2]沖縄の図書館は間違った意味での「中立」に陥っていないだろうか。

このことは、沖縄の図書館の課題として受けとめて、関係者とぜひ話し合ってみたい。

---

1 漆原宏「三年前の沖縄で　住民運動を図書館でわかるように」『みんなの図書館』二〇一四・四　八〇頁
2 宜野湾市の図書館には「基地問題」の棚はあるが、普天間基地関係の資料の多くは「宜野湾市」のコーナーに置かれている。

本が人を殺すとき
佐世保・バトル・ロワイアル・人体解剖図

I

二〇一四年七月末、長崎県佐世保市で高校一年生の女生徒が同級生を絞殺し、頭部などの遺体の数箇所を切断したという凄惨な事件が報じられた。加害者と被害者の女生徒は中学時代からのクラスメイトである。加害者は「人を殺してみたかった」「解剖してみたかった」「体の中が見たかった」と供述していると伝えられており、続々と入ってくる事件の異様さに驚かされる。

ニュースで「長崎」「佐世保」「同級生」「殺害」という言葉を最初に耳にしたとき、一瞬、タイムスリップしたような気分になった図書館関係者は私だけではないだろう。

ちょうど一〇年前、二〇〇四年六月に起きた「佐世保小六女児同級生殺害事件」と共通点が多すぎるからである。この事件では、佐世保市内の公立小学校内（学習ルーム）で小学校六年生の女児が同級生の首を背後からカッターナイフで切りつけて殺害したと伝えられている。私たち図書館関係者にこの事件の記憶がいまも生々しく残る理由は、加害者の女児が傾倒していた一冊の本が、彼女の行動に大きな影響を与えたのではないかと報じられたからである。

加害女児は、極限状態での中学生同士の殺し合いを描いた『バトル・ロワイアル』（高見広春著　太田出版　一九九九）という小説作品の世界観を愛していた。彼女は小説を愛読するだけでなく、姉のレンタルカードを使ってR15指定となっている映画版ソフトをレンタルしたり、作品世界を模した自作の同人小説を執筆し、ネット上で公開していたという。『バトル・ロワイアル』の映画版には、女子中学生が同級生の首を背後から鎌で切る場面も出てくる。長崎県教育委員会は、この事件を受けてすぐに「残虐的な内容の多い映画や小説に影響を受けていたことは十分考えられる」という見解を示し、その後、佐世保市教育委員会は学校図書館での『バトル・ロワイアル』（小説版）の貸し出しを中止するよう各学校に通達することになる。[1]

II

「佐世保小六女児同級生殺害事件」は、「図書館の自由」をよりリアルに考えるために、私が担当している司書教諭課程の授業（「学校図書館メディアの構成」）のなかで、学生たちとのディスカッションの題材として毎年取り上げるようにしている。

もちろん本が人を殺すわけではないが、人命にかかわる影響が現実に伝えられているなかで、学校図書館の蔵書のなかに『バトル・ロワイアル』が含まれていたら学校図書館の担当者はどうするべきか。所蔵されていなくても、マスコミで話題になればなるほど、子どもたちの興味は高まってくる。子どもたちから『バトル・ロワイアル』へリクエストが寄せられたら、どのように対応するべきか。授業は学生たちにこう問いかけるところから進めていく。

「有害」または「悪書」とされる資料への子どものアクセスをどう考えるべきか、――本の読み方やその用途は一人ひとり違うから、子どもたちは、例えば、『バトル・ロワイアル』を読んで「生」や「友情」について思索したり、性描写が多いとされるケータイ小説を読んで「愛」について考えることもあるかもしれない。そうした意味では、世の中には絶対的な「悪書」というものは存在しない。しかし、現実に事件が起こった時に、しかも学校現場において、その論理だけで資料提供の姿勢を貫くことは極めて難しいだろう。

図書館界の指針として授業のなかでまず紹介するのは、『「図書館の自由に関する宣言一九七九年改訂」解説』に記された考え方である（第二版　二〇〇四　三〇頁）。

解説書は「子どもの権利条約」を根拠として、その第一三条一にて「あらゆる種類の情報及び考えを求め、受け及び伝える自由」を子どもたちが権利として有していることがまず紹介されている。その一方で、第一七条（e）において「児童の福祉に有害な情報及び資料から児童を保護」する配慮を条約は求めている、とも書いている。ただし、「その責任」は「まず父母または法定保護者にあると（条約では）規定している」とも付記され、図書館員が積極的に子どもの資料アクセスを制限することを認めていない。つまり、子どもを有害な情報から守る権利と義務は親にあり、図書館は家庭教育には介入しない、という原則を読み取ることができるのである。

しかし、この考えを学校図書館に持ち込むことに対しては、教師を目指してきた学生たちはすんなりとは納得してくれない。学生に発言してもらうと、「悪いものから子どもを遠ざけるのは当然の教育的配慮」だし、「学校図書館は親と一緒に来るわけではないから誰もコントロールできない」し、「いろいろな家庭があるから、親に任せるだけでは教師としては無責任」だから、『バトル・ロワイアル』のリクエストには「応えない」という結論になってしまう。世代的に『バトル・ロワイアル』を愛読していたという学生も時々いるが、少し迷ったようすは見せつつも、やはり同意見である。

授業では、話が「責任論」と「教育的配慮」に及んだところで、「リクエストに応えないことが本当に教師の責任を果たしたことになるか？」と問いかけて、次の新聞記事を学生たちに見てもらうことにしている。事件発生から一か月が経過したころ、佐世保市に在住していた中学校教員（司書教諭）、山本みづほ氏が投稿したものである。

「本の世界導く専門の司書を（声）」

大久保小の事件を受けて、何が自分にできるかを問いかける日々です。

先日、学校の図書室に「バトル・ロワイアル」を置いているかの調査があり、貸し出しを止めるよう言われました。三人の予約生徒に事情を話したら、「それなら友達に借ります」とのことばに、私が手渡して感想を聞き、次の本を紹介したかった、と悔やまれました。偏った読書傾向の子に、「こんな本もあるよ！」と薦め、違った世界の鍵を手渡す、そんな学校司書を佐世保市でも置いていただけたらと思います。

私のような、辞令一枚もらっただけで、授業を持っているため図書室に昼休み以外は鍵をかけざるをえない司書教諭より、一日中、図書館にいる学校司書が必要だと、昨年の長崎市の事件でも痛感しました。

全国の学校司書さんの思いをお聞かせ願えたらと思います。

（「ひろば」『朝日新聞』西部版　二〇〇四・六・二七、傍点は筆者による）

冒頭に出てくる「大久保小の事件」とは二〇〇四年の「佐世保小六女児同級生殺害事件」である。最後の「昨年の長崎の事件」とは「長崎・駿君殺害事件」のことだと最近長崎の知人に教えてもらった。二〇〇三年七月、四歳の男児を中学一年生の男子生徒が立体駐車場の屋上に連れ出し、裸にし、性器をカッターナイフで傷つけるなどしたところ、男児が騒ぎ出し手に負えなくなったため屋上から突き落として殺害したという、これもまた長崎で起こった「子どもが子どもを殺す」事件である。

この投稿にあるように、子どもからのリクエストの内容に不安があるとしても、学校図書館では公共図書館のように資料をただ手渡すだけでなく、「教育的配慮」の下で工夫して提供することもできる。例えば、一九九〇年代の半ばには、兵庫県西宮市立西宮東高校の司書であった土居陽子氏が、生徒からの『完全自殺マニュアル』（鶴見済著　太田出版　一九九三）のリクエストに対して、社会科の調べ学習とも連携しながら、「死を考える—それは生を考えること」と題した展示のなかの一冊として同書を提供した実践もあるし、[2]「読書会」などを企画して複数人でその本の問題点を考えながら読むという試みもできるだろう。

そもそも、学校図書館でのリクエストがかなわなかったとしても、話題の本なら友人の誰かが持っているだろうから借りて読むこともできるし、近くの古書店で安く買うこともできる。インターネットでは同種の情報を、しかも先鋭化された状態で大量に入手できてしまう怖さもある。大人が隠そうとするものほど、子どもには魅力的に見えてしまうことも多いだろう。

こうした状況で、わざわざ子どもが学校図書館でリクエストをするということは何らかの〝SOS〟を発信していると考えるべきではないか。もちろん、利用者のようすを見て〝いまは提供できない〟という判断はあってもいいのかもしれないが、単純にリクエストを拒否することが「教育的配慮」とはとても言えない。

一〇年前の佐世保事件の加害女児が愛読していた『バトル・ロワイアル』はもともとは姉が買ったものであり、図書館から借りたものではなかったという。その話を聞いてほっとするのではなく、〝もし図書館から借りてくれていたらどんなによかったか……〟、という気持ちを持つ人が一人でも多く学校現場にはいてほしい。資料提供の話からは少しそれるが、事件の二か月前には学校の図書室で難聴のクラスメイトが加害女児によって「叩く、蹴る、踏みつけるの暴力行為を受け」「あまりの激しさに他の女児が止めに入り、担任教師を呼びに行った」という出来事もあったという。[3]この小学校は当時六学級の規模であり、司書教諭も配置されていなかった。学校側が事件の予兆をリアルにつかめなかった原因の一つに、図書館での人の不在があったことも見逃せない。

かなり前のことだが、勤務大学の教育学専門の先生にこの問題についての意見を求めたところ、子どもたちは表面的には「悪」に惹かれる傾向はあるが、それ以上に「よいもの」に向かいたいという潜在的な欲求を持っている、と話されていたことが印象に残っている。古典的な方法だが、いわゆる「不良少年」を更生させるために部活動を勧めたりするのもその一つの教育法だという。学校図書館では子どもたちの好きな本だけを集めているわけではない。必要な本を届けることをベースとしながらも、子どもたちの成長を願う立場から選ばれた資料に日常的に触れることで、子どもたちの視野は自然に広がり、よいものに向かっていくのではないだろうか。

学校図書館と「図書館の自由」のかかわりが議論される時、「学校図書館は図書館なのか、学校なのか」という意見の対立をよく目にする。しかし、学校図書館が資料提供という図書館独自の機能を追及しようとする時、逆説的だが、そこにはより大きな教育的効果が生み出される可能性があることにも気づかされる。学校図書館は図書館であることで学校教育をより豊かなものへと変えていくことができる。悪書へのリクエストに対しては、こうした視点を持つことこそが学校図書館担当者の役割ではないかと伝えて、その回の授業をまとめている。

III

話を冒頭に挙げた佐世保の事件に戻そう。事件が起きて日が浅いためまだまだわからない点が多い段階ではあるが、加害者の女生徒が一人暮らしをしていたマンションの部屋からは「人体図の載った医学書」が発見され、長崎県警は少女が事件の参考にした可能性があるとみて、「医学書の内容や入手経路などの分析を進めている」という報道もなされている（『朝日新聞』二〇一四・八・一夕刊）。

人体解剖図を載せた本は学校図書館にもたくさんあるだろう。学校図書館に対して再び貸出の制限を求める声があがったときに、過去の事件での経験が無駄にならないように急いで書いてみた。

1　種村エイ子『学習権を支える学校図書館』南方新社　二〇〇六　二五四頁
2　日本図書館協会図書館の自由に関する調査委員会編『表現の自由と「図書館の自由」』（図書館と自由　一六）日本図書館協会二〇〇〇　一一二〜一二五頁
3　草薙厚子『追跡！「佐世保小六女児同級生殺害事件」』講談社　二〇〇五　一一九〜一四三頁

嫌韓本、どうしてますか？

学生選書フェアでの出来事

I

この原稿は二〇一四年一二月の終わりに書いている。「二〇一四年」は私が住んでいる沖縄にとって、大きな決断を迫られた一年だった。

一一月一六日には、在沖米軍基地の一つである普天間飛行場の辺野古沖への移設が大きな争点となった沖縄県知事選挙が行われ、息つく暇もなく一二月一四日には衆議院議員選挙もあった。どちらの選挙も、辺野古移設反対派の勝利であった。

私が勤務する大学は普天間飛行場の滑走路に面して建っている。通勤に便利だから、私の住まいもこの基地の近くにある。選挙期間中は連日、「〇〇は中国共産党の手先」とか、「尖閣は誰が守るの？」という批判ビラがポストに入っていたし、路上の垂幕や選挙ポスターは候補者の顔がスプレーで塗りつぶされていたり、品のない落書きもあった。これはいったいいつの時代のどこの国の出来事だろう……、と唖然となるが、れっきとした二〇一四年の日本の出来事だということを県外の人にも知ってほしい。

センシティブなことだから、学生たちと基地移設を直接話題にすることはしないようにしているのだが、政治的な問題に日々直面する沖縄の大学生だからこそ「右傾化」とか「保守化」とか、「排外主義」というものも案外入り込みやすいのかもしれないと思うことがある。

例えば、中国語や韓国語の授業を選択する学生が数年前に比べて減少していると聞いたことがあるし、韓国の男性グループが好きな教え子が、「最近は嫌韓が流行っているから、肩身がせまい」「ちょっと前なら堂々と言えたのに」と、冗談ぽくではあるが愚痴っていたこともあった。

昨年（二〇一三年）の終わりからは、学内の書店でも、「笑えるほどたちが悪い韓国の話」、「品性下劣な中国人」といったタイトルの本が目につくようになった。いわゆる「嫌韓本」「嫌中本」と呼ばれる類の本である。これらの本は街の書店では「無条件に売れる」と言われているから、買って読んでいる学生もそれなりにいるのかもしれない。

書店に溢れる嫌韓本・嫌中本

II

私が勤務する大学の図書館は地上四階、地下二階建てのかなり立派な施設だから、開館して二〇年近くなるが、今も県内外からの見学者が多く訪れている。先日も、知人の高校の先生数人が大学に来られた際に、私が図書館を案内をする機会があったのだが、たまたま展示中だった「学生選書フェア」のコーナーを見て、先生の一人が「こんな本もあるんですね」とびっくりするという出来事があった。

学生選書フェアとは、年に一度、学生の視点で授業やゼミ、将来の進路選択に幅広く（自分だけでなく他の学生にも）

役立ちそうな資料を選んでもらおう、ということで数年前から始めた事業である。学生には身近な図書館の使い分けを覚えてほしいので、公共図書館でもリクエストできる小説本や漫画類、書き込み式のテキストは除いて選書をするようにというルールは伝えているが、それ以外はできるだけニーズにこたえるようにしている。

その先生が驚いた理由は、フェア本のなかに数冊、「嫌韓本」がまじっていたからである。実際に手に取ってみると、その一冊には「あの国にトドメを刺しましょう」「こっち見るな！」などの文字が書かれていて、確かに眉をひそめてしまうような内容である。

その先生は、「ヘイトスピーチも社会問題になっているし、教育機関でわざわざこんな本を買う必要はないのでは？」と思ったらしい。他の先生たちは「大学の図書館は（高校の図書館とは）違いますからね」とフォローしてくださったのだが、この問題は「高校と大学は違う」というわかりやすい言葉で終わらせてしまってはいけない気もした。前々から図書館の専門家ではない方に、「図書館の自由」について知ってほしいとも思っていたので、次のように話してみることにした。

確かに、こうした嫌韓本や嫌中本は悪く言われることも多いが、読書の目的はいろいろだから、学生は批判的な立場からその言論を知りたいと思ってリクエストした可能性もある。フェアコーナーにある嫌韓本は、有名な著者や出版社のものだから、学生なりに考えて選んだ跡も見られる。そもそも出版点数が多く、書店でベストセラーになっているジャンルの本が、一冊も図書館にないことの方が不自然である。

もちろん、今の日本のなかに（沖縄にも）排外主義のようなものが広がっていることは事実で、これらの本をリクエストした学生もかなり感化されているのかもしれない。しかし、図書館がリクエストを拒否しても、書店にはこの手の本はあふれかえっているから手に取るのは簡単だし、インターネットならタダで、もっとむき出しの差別感情にあふれた情報を得ることもできる。教育機関としての役割を考えるならば、リクエストを断って終わりにするのではなく、わざわざ図書館に要望を出してくれたことをチャンスと考えるべきだと思う。

例えば、図書館には同じテーマの本が一つの棚に並ぶから、嫌韓本の近くに、その反論本や嫌韓ブームを論すような本を置くことで、利用者の視野を広げることもできる。学生からのリクエストは図書館の本の一部を決めているだけだから、専門職である司書がそれを補ってバランスよく蔵書を構成する義務をはたせばよい。もちろん学内では嫌韓本の弱点を暴くような直接的なアプローチがいろいろとあってよいと思うが、図書館には図書館だからこそできる「資料提供」という機能を生かして教育的な役割をはたすことが求められる。そして、このことは高校の図書館にも本質的には当てはまると私は思っている。

III

そんなふうに説明していくと、高校の先生たちはきちんと理解してくださって、「なるほどね」「図書館には図書館の、大事にしている考え方があるんですね」ということになった。言葉どおりに理解してもらったと信じているが、館内の案内が終わって先生たちを見送った後に、胸に引っかかることがいくつかあった。

一つは、私の説明に「嘘」が混じっていたことである。嫌韓本と反嫌韓本は同じ棚に並ぶから、と説明しながら気づいたのだが、同じような嫌韓本でもＮＤＣの番号が微妙に違っているのである。例えば、フェア本として並んでいたものだけでも、『テキサス親父の「怒れ！罠にかかった日本人」』（青林堂　二〇一四）は３１９・１、『韓国にかかわるな！』（アイバス出版　二〇一四）は３１９・２１と、すこし番号が違う。『韓国人による恥韓論』（扶桑社　二〇一四）は３０２・２１という番号がついていて、もともと３類の本は多いから、その二冊ともかなり離れた棚に並んでしまう。それらの反論本も「慰安婦」「歴史認識」「ヘイトスピーチ」「領土問題」など、テーマごとに書かれているものが多いから、やはりそれぞれのテーマの棚に別々に並べられてしまう。分類の理屈上は誤りでなくても、これでは図書館の役割を十分にはたしたことにはならない気がする。利用者の知識を広げる観点から、同じ番号になるようにある程度分類番号をコントロールすることがあってもよいのではないか。

もう一つ気になるのは、嫌韓本を集めることに対して、現代の図書館界でほとんど話題になっていないように見えることである。今のブームとはひとくくりにはできない本かもしれないが、一〇年くらい前、『マンガ「嫌韓流」』(晋遊舎)がベストセラーになったころは、この手の本を図書館に置くべきか、ということは図書館界でも話題になっていた記憶がある。こうした現状を前に、「図書館の自由」の考え方が広がっていると肯定的にとらえたい一方で、〝反日感情を持つ国に悪い感情を持って何が悪いの?〟という雰囲気が図書館界にも広がっていることの表れであるようにも思えてしまう。そして、この不確かさは、私自身にも「今の空気に乗っかったうえで、かっこよく嫌韓本を擁護しているだけじゃないか」「図書館の自由って、そんなに簡単なものじゃないのでは?」と問いかけてくる。

嫌韓本のなかには、隣国からの戦後補償を求める声を「解決済み」「ゆすり・たかり」と断罪するものも少なくない。どこかで聞いたことがあるそれらのフレーズは、県知事選後、政府・国家との対立関係が明白になった沖縄への批判にいつ転じるかわからない怖さもある。

それらの本が、韓国ではなく、沖縄を一方的に責めたてる本だったら、沖縄の図書館はどうするのだろう。二〇一五年は沖縄戦からちょうど七〇年。「図書館の自由」と沖縄の関係についてあらためて考えさせられる年になりそうである。

オミットされる「図書館の自由」

「教育再生」のなかの学校司書法制化

I

二〇一五年四月、改正学校図書館法が施行された。法律のどこにも明記されていない、言ってみれば、「幽霊」のような存在だった学校司書がいよいよ法制化されることになったのである。

ここ数年、図書館関係の専門誌には改正学校図書館法についての記事が数多く掲載されてきた。『図書館雑誌』二〇一四年一一月号でも「学校司書法制化以降　いま『学校司書』に求める専門性・その具体化」という特集が組まれており、今回の法制化に尽力された河村建夫衆議院議員の記事として次のようなことが書かれていた。

「言ってみれば、学校図書館が学校教育に役立つことは洗いざらい学校司書が引き受けて働く。それはスペシャリストでなくてはできない。専門職として明確化する必要があろう。専任であることはむろんのこと正規雇用という身分保障も欠かせまい。そうした観点から、今回の学校司書法制化が専任職員の配置義務付けにまで踏み込まず、『学校司書を置くよう努めなければならない』としたことには物足りなさを覚えるか、あるいは不満に思う向きがあろう」

「私共はこうしたことを踏まえ、今回の学校図書館法改正では附則として『国は、学校司書の職務の内容が専門的知識及び技能を必要とするものであることに鑑み、この法律の施行後速やかに、新法の施行の状況等を勘案し、学校司書としての資格の在り方、その養成の在り方等について検討を行い、その結果に基づいて必要な措置を講ずるものとする』と明文化した。学校図書館地方議員連盟設立も視野に、立法に携わる立場を忘れず、文科省をはじめとする行政当局、学校関係者はむろんのことあらゆる分野から意見を吸い上げながら、安倍政権の教育改革の一環としてこの問題に取り組んでいく決意である」（七四一頁）

この記事のなかで、①学校司書の職務が専門性を持つこと、②学校図書館の教育活動は現実的に（司書教諭ではなく）学校司書が担うべきであること、そして、③改正法には明記されなかった身分保障の問題について、専任化や正規化が必要であることにまで踏み込んで書かれていることには大きな意味があると思う。

しかし、最後の一行に出てくる「安倍政権の教育改革の一環として」という言葉がどうもひっかかってしまう。「安倍政権の教育改革」とは、安倍政権が進めている「教育再生」のことだろう。その善し悪しをここで言いたいわけではないのだが、専門外の私にさえ伝わってくる安倍政権下の教育再生の内容と、私が知っている司書の専門性とはどうしても相容れない部分があるからである。

II

安倍教育再生の目玉の一つが、「道徳の教科化」であると言われている。二〇一四年一〇月二一日、中央教育審議会は「道徳に係る教育課程の改善等について」答申し、そのなかで「特別の教科」として「道徳」を設置し、二〇一八年度（平成三〇年度）からの実施を目指すことが明言されている。道徳という授業そのものはこれまでも「教科外の活動」として小学校と中学校で行われてきたが、正式な教科ではなかったため、授業時間が他の教科や学級行事に安易に流用されたり、内容がおざなりになったりする問題があったのだという。

「教科化」とは、従来の教科にならえば、数値評価の導入と検定教科書の使用を意味する。答申によると、五

中学生用『私たちの道徳』より

好きな異性がいるのは自然なこと

中学生で、好きな異性や意識してしまう異性がいるのは不思議ではない。
むしろそれは自然な気持ちで、大切にしなければならない気持ちだ。
この気持ちを、明日を生きるエネルギーにできたらいいと思う。
だけど、二人だけの殻《から》に籠《こ》もってしまうと、
周りが見えなくなって、
人間としての幅《はば》を狭《せば》めてしまうこともあるかもしれない。
考えてみよう、男女交際の在り方を。

命の長いつながり

私の命は父母から授《さず》かり、
父母の命は祖父母から授かり、
過去からずっと引き継《つ》がれてきた
命のつながりの中で、
私たちは生きている。

かけがえのない命を
授かったことを忘れずに、
命の長いつながりに感謝しながら、
生きていきたい。

いつか新しい家庭を築く

段階などの数値評価は行われないことになったそうだが、文章でコメントを書くにしても、教科になる限りは評価とは切り離せない。新聞に掲載された批判記事を集めてみると、道徳教育の必要性は認めつつも、「一般的に良いとされる解答をテストで書けたとしても、それが身についたかどうかはまったくの別問題」「受験のために高い評価を得ようとする子どもが出てくる」「教師の期待するいい子を演じる訓練の場にならないか」という声が多い。

問題はそれだけでなく、「政府が決めた道徳と違う考えを持つと低い評価をつけるのか」という根本的な問いかけもある。例えば、道徳教材（副読本）として文科省が二〇一四年度から無償配布している『私たちの道徳』の中学校版では、「好きな異性がいるのは自然なこと」（六八頁）、「いつか新しい家庭を築く」（一八三頁）と書かれており、異性愛こそが正しく、同性愛などの多様なセクシュアリティのあり方は「不自然」なものだとして当事者を苦しませているだろう。

文科省がかつて配布していた『こころのノート　小学校1・2年』では、「こころの中に」「ないしょのはこ」を持つことを「きらいなこと」と答えさせようと誘導し、子どものプライバシー権は見事に否定されている。[1]

現行の学習指導要領の「道徳」のなかにはすでに「国を愛する心をもつ」ことが指導項目として加わっている。様々あっていいはずの国の愛し方を学校側が一つの基準で評価することへの不安の声も上がっているし、そもそも国家というものは感情的に愛さなければならないものではなく、静かに思考するべきものであるという意見もある。

道徳の教科化を懸念する人たちの根底にあるものが、複雑な心の活動に対して、学校が決めた一つの価値観や思想を子どもたちに押しつけることへの反発、言いかえれば「多様性の否定」への懸念である。そして、安倍教育再生のなかでは、こうした多様性への否定は他の施策からも読み取ることができる。

二〇一三年一二月に改正された「教科書検定基準」に注目してみると、社会科（高校は地理・歴史・公民）の検定基準において、

① 未確定の時事的事象は特定の事柄を強調しすぎない、

② 近現代史で通説的な見解がない数字などを記述する場合は、その旨を明示、

③ 閣議決定その他の方法により示された政府の統一的見解や最高裁判所の判例がある場合はそれに基づく記述、

という三点が新たに加わっている。

ここで特に注目したいものは③である。多様な議論があるとしても、政府見解がある場合はそれを教えないといけないため、学校で使われる教科書には「福島第一原発はコントロールできている」とか、「集団的自衛権は憲法解釈上妥当」と書かなければならなくなる。沖縄戦の被害について「唯一の地上戦が行われた」とだけ表現することも許されない。[2] 教科書は教育内容を実質的に縛ってくるし、検定にパスするために教科書会社の自己規制も起こりやすく、その表現はどんどん萎縮していくだろう。今回の教科書検定基準の改正は、教科書だけでなく、教育内容の多様性をせばめることにつながる、と懸念する声も多く耳にする。

冒頭で私は、安倍政権が進める教育再生と司書の専門性は相容れないのではないか、と書いた。正確には、戦後の図書館界が大事に育ててきた「図書館の自由」との相剋が見えると書くべきだろう。図書館の自由のベースにあるものは、言うまでもなく価値観や思想、言論の多様性の尊重である。学校図書館は図書館の一つとして、教科書には書くことができない「原発再稼働反対」「原発ゼロ」という立場の本も、「沖縄戦は唯一の地上戦」と

改正後の教育基本法 （平成18年法律第120号）	改正前の教育基本法 （昭和22年法律第25号）
第三章　教育行政 （教育行政） 第十六条　教育は、不当な支配に服することなく、この法律及び他の法律に定めるところにより行われるべきものであり、教育行政は、国と地方公共団体との適切な役割分担及び相互の協力の下、公正かつ適正に行われなければならない。	第十条（教育行政）　教育は、不当な支配に服することなく、国民全体に対し、直接に責任を負って行われるべきものである。 2　教育行政は、この自覚のもとに、教育の目的を遂行するに必要な諸条件の整備確立を目標として行わなければならない。

改正前後の教育基本法の比較
「文部科学省ホームページ」（http://www.mext.go.jp/）より

書いた本も集める。

もちろん、「経済成長に原発は必要」という本も置いていいし、集団的自衛権を容認する立場の本があってもよい。「従軍慰安婦」問題について日本軍による強制性を主張した本があってもよいし、彼女たちを「売春婦」と書いた本があっても理屈の上ではよいはずである。同性愛を描いた文学作品も集めるし、それを読んでいる子どもの情報は相手がクラス担任であっても、保護者であっても漏らすようなことはしない。そうした多様性や権利の尊重は、今の教育再生の流れのなかではたして認められるのだろうか、とどうしても不安になるのである。

III

安倍政権の教育再生の動きは、二〇〇六年九月に発足した第一次安倍内閣の時からすでにスタートしている。同年一二月の教育基本法の改正もその一つとして位置づけられるのだが、この動きもまた「図書館の自由」を脅かすものに見える。

改正前の教育基本法第一〇条（教育行政）では、「教育は、不当な支配に服することなく、国民全体に対し直接に責任を負って行われるべきものである」と記されていた。この条文のなかで「国民」と対比されている「不当な支配」の主は教育行政を担う公権力、国家や地方公共団体であると解釈しなければならない。図書館の多くは（学校図書館も含めて）教育基本法の下に位置づけられるため、図書館の教育活動も同様に権力の介入からは自由に、主体的・自立的でなければならない。こうした考え方は「図書館の自由に関する宣言」（一九七九年改訂）のベースになるものでもあり、前文のなかの「3　図書館は、権力の介入または社会的圧力に左右されることなく、自らの責任にもとづき、図書館間の相互協力をふくむ図書館の総力をあげて、収集した資料と整備された施設を国民の利用に供するものである」という形で示されている。

しかしながら、改正後の教育基本法の教育行政の章（第一六条）では、前半部分の「教育は、不当な支配に服することなく」という書き出し部分はそのままだが、「国民全体に対し直接に責任を負つて」という文言は削除されてしまっている。「不当な支配」という文言から「国家権力の介入」という解釈を引き出すためには、続く「国民全体」という文言との対比は不可欠である。もっと言えば、国家権力の影を後退させることによって、職員組合や市民団体などを「不当な支配」の主としてすり替えることも可能になってしまう。法改正により教育が国家権力の圧力に屈しないためのよりどころは消滅したという法解釈もあり、教育再生はここでも「図書館の自由」の根幹を奪うものとして機能しているように見えるのである。

IV

冒頭に挙げた記事において、教育再生という名の下に学校現場における「多様性」を否定する動きを加速させながら、その一環として学校司書の資格のあり方について検討を進める、という文脈が成り立つためには、その書き手は、学校司書と図書館の自由は無関係な存在であるという認識を前提としてこの原稿を書いたとしか思えない。書き手が「図書館の自由」について詳しくないとしても、印象は変わらない。とするならば、この記事は、今後検討されていく学校司書の養成課程から「図書館の自由をオミットしていく」という「宣言」として読むこともできる。
『図書館雑誌』は「図書館の自由」を世の中に送り出した日本図書館協会が発行している専門誌である。図書館らしい、多様な言論が掲載されることはもちろん歓迎だが、反論も必要だと思って書いてみた。

---

1 二〇〇二年度に配布された『こころのノート 小学校1・2年』（二六頁9では、男の子が嘘をつくエピソードを紹介したうえで、「あなたのこころの中にないしょをこっそりしまっておくないしょのはこはありますか」「そのはこをもっていること、あなたはすきかな。きらいかな」と問いかけている（三宅晶子『「心のノート」を考える』岩波書店 二〇〇三）。二〇〇九年改訂版（二八頁）では「そのはこにはどんなないしょがはいっているかな。しまっておきたいないしょかな。出してしまいたいないしょかな」と秘密を持つことを許容する記述に変わっている。同書をベースとして二〇一四年度から配布されている『わたしたちの道徳 小学校1・2年』では、男の子が嘘をつくエピソードのページはあるが（四四～四五頁）、「ないしょのはこ」のページは削除されている。

2 「沖縄地上戦 国内唯一→国内最大 政府が閣議決定」『琉球新報』二〇一〇・五・二二（政府は二一日、「沖縄戦」が先の大戦で国内「唯一の地上戦」とする表現に関し、「沖縄本島及びその周辺のみでそのような地上戦が行われたという認識は必ずしも正確ではない」とする答弁書を閣議決定した。そのうえで「沖縄戦」の表現を「国内最大の地上戦」とした）

「健全な教養」と「不健全な教養」

寺門ジモン的図書館用語

I

私は、図書館司書の資格課程専任教員として大学に勤務しているはずである。だから図書館学だけを教えていればいいはずなのに、大学というところは恐ろしいところで、いつの間にか、専門でも何でもない「アカデミック・ライティング」という授業を担当するようになっている。

「アカデミック・ライティング」とは、大学生らしいレポートや論文を書けるようになるための授業である。引用の方法や出典の書き方を教えるところはかろうじて図書館学の知識が生かせるが、授業の大半は日本語表現法のレクチャーである。例えば、「和語」よりも「漢語」の方が意味が限定されるので説明文に向いているとか、係り受けの位置に気をつけないと文意が伝わらなくなってしまうとか、「で」「が」などの助詞には多義性があるので要注意とか……。日本語学は専門ではない分、新しい発見もあって、テキストを参考にしながら調べて教えること自体は楽しいのだけれど、授業中に学生から難しい質問が来たらどうしようと不安でたまらないし、四〇人分の学生の提出物を添削して翌週までに返却するという作業もあったりして、毎回、目が回るような大変さである。

授業のなかで「好ましくない表現」として説明しているものの一つに「重言」（重ね言葉）がある。学生の文章を添削していても、「犯罪を犯す」「過半数を超える」「被害を被る」「違和感を感じる」「従来から」といった言葉がかなりの頻度で出てきてしまう。私自身も授業のなかでついつい「ここ、最も重要ですよ!」とか「一番最後に課題の提出があります」とか言ったりしている。この授業を担当するようになってから、自分の日本語力に日を追うごとに自信がなくなっている。あ。「日を追うごとに」も、「日を追う」がすでに「日ごとに」という意味をもつから、「ごとに」が無駄に重なっている。日本語は難しい。

II

図書館の世界にも怪しげな重言・重ね言葉はけっこうあるのである。

冒頭で思わず書いてしまった「図書館司書」という言い方も、図書館法には「司書」としか書かれておらず、「司書」のなかにすでに「図書館に置かれる専門的職員」という意味があるから、やっぱり意味がだぶっている。「学校図書館司書教諭」もしかり。でも、「学校司書」は「学校」の「図書館に置かれる専門的職員」という意味になるからセーフである。

大学図書館のホームページなどで時々見かける、「一〇〇万冊を超える蔵書を所蔵する」も「蔵」が二回出てくる。「タイトル名目録」も気持ちが悪いし、「著者名目録」は「著者目録」とも言って通じるから、これも重言のようなものではないだろうか。「コレクションの収集」や「対面朗読」も怪しい。「利用者サービス」も何気なく使っているけど、サービスはもともと利用者にするものだから、なんでわざわざ「利用者」とつけているのかよくわからなくなってくる。最近はやっている「ビジネス支援サービス」は「支援」と「サービス」がダブってるような気がするから、「ビジネス支援」だけで十分じゃないかなぁ、と思ったら、「最近はやっている」もなんだか変な気がしてきた。反対に、『日本目録規則』の「資料種別」の名称が、「図書」や「楽譜」となっていて、「図書資料」「楽譜資料」になっていないのはさすがだと思ったりもする。

III

学校図書館関係者が集う講演会に講師として招いていただいた時の話である。

講演のなかで、子どもたちのプライバシーが保護されにくい理由の一つとして、学校内に「学校図書館の本は先生たちが選んだ本だから、周囲に知られて恥ずかしい本はない」という雰囲気があるのでは？ と私が指摘したところ、質疑応答の際に、「学校図書館法に『健全な教養の育成』と書かれていて、公共図書館のように自由に本が選べないこともプライバシー意識が広がらない理由ではないでしょうか？」というご意見をいただいた。つまり、読書の秘密の保護が問題になるほどの自由な収集が、学校図書館では法的に認められていないのではないか、ということである。

この方がおっしゃるとおり、学校図書館法第二条によると、学校図書館の目的は「児童又は生徒の健全な教養を育成すること」と定められている。質問のなかで対比されていた公共図書館についても、図書館法第二条に同じようなフレーズは出てくるが、こちらは「その教養、調査研究、レクリエーション等に資することを目的とする」としか書かれていない。つまり、学校図書館法にはあった「健全な」がぬけ落ちていて、ただ「教養に資する」としか書かれていないのである。質問者の指摘にあったように、こうした文言の違いが、学校図書館での「図書館の自由」の実践を難しくしているという指摘は確かによく耳にするのである。

しかし、この説明でちょっと疑問に感じるのは、学校図書館が公共図書館とは違って「健全な教養」を育成することを目指す場であると、公共図書館は「健全ではない教養」を含めて、利用者の教養全般の獲得に役立つことを目指していることになってしまうということである。つまり、教養のなかには「健全」なものと、「不健全」なものが存在し、その不健全なものも含めた、なんだかよくわからないカオス的なものに公共図書館は役立たないといけないと書かれていることになってしまうのである。図書館法は素晴らしい法律だと思うが、公布された

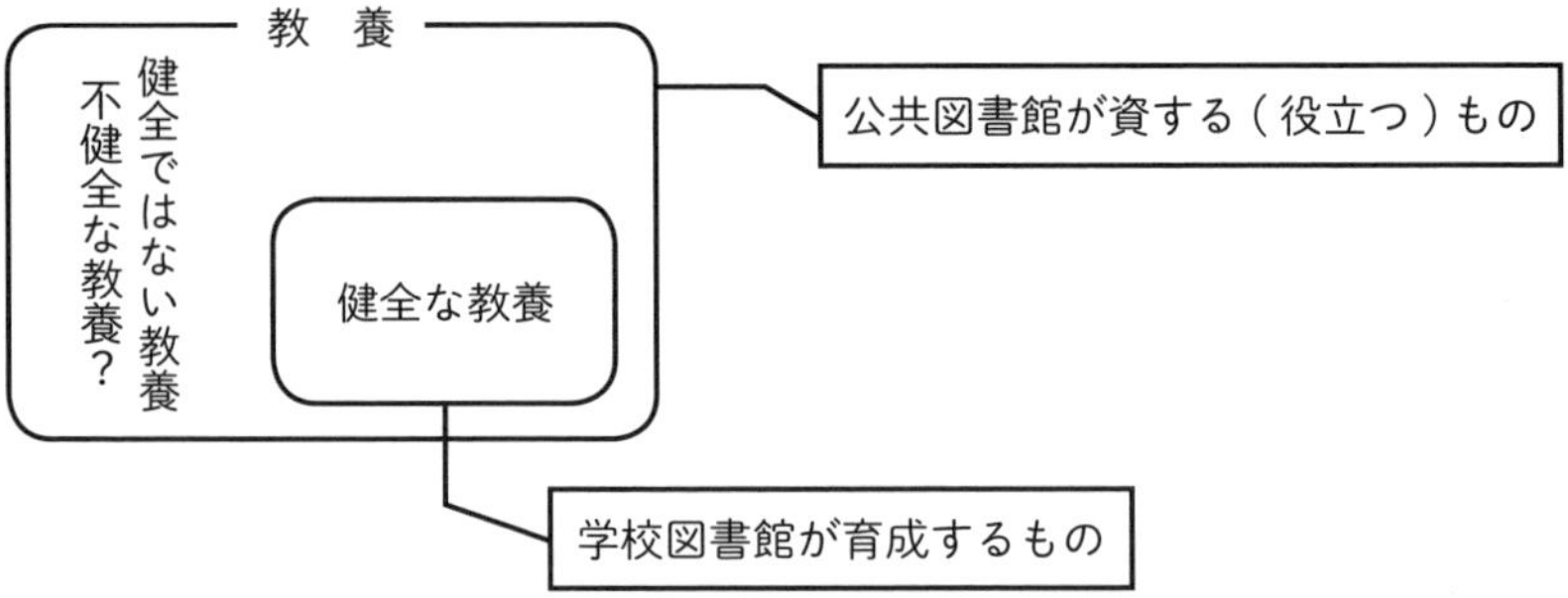

昭和二五年当初からそこまでふり切っていたとは考えにくい（※この部分は制定当初から改正されていない）。ちなみに、「教養」という語は、図書館法や学校図書館法の上位法である教育基本法（第二条）にも出てくる。そもそも「不健全な教養」という語は支離滅裂な感じもする。

ここであらためて、「健全」と「教養」の意味を国語辞典を使って調べてみよう。小学館の『大辞泉』（二〇一二年版）によると、「健全」には、「❶身心が正常に働き、健康であること」の他に、「❷考え方や行動が偏らず調和がとれていること」という意味がある。一方、「教養」とは、「❶学問、幅広い知識、精神の修養などを通して得られる創造的活力や心の豊かさ、物事に対する理解力」と「❷社会生活を営む上で必要な文化に関する広い知識」という意味がある。この二つの意味を組み合わせると、「健全」な「教養」とは、「偏りがなく、調和のとれた」「幅広い知識（にもとづく創造的活力・心の豊かさ・理解力）」という解釈も成り立つ。

何を言いたいのかというと、「健全」と「教養」には、それぞれ「偏りがない」「幅広い」という似たような意味があるのではないか、ということである。

幅広い視野を持ってたくさんの物事を知っていることは、それだけ偏りがなく、バランスがよい状態であるから、「健全」も「教養」も、私には似たような意味に思えてくる。こう解釈すると、学校図書館法の「健全な教養」というのは、「最も重要」くらいの意味しか見い出せなくなる。「健全」という言葉は「教養」の暴走にキャップをかぶせるものではなく、それをより強めるくらいの意味しかない。学校図書館法の「健全な教養」と図書館法の「教養」は、大きな意味の違いはないのではないか。そして、図書館法が「不健全な（不健康な・歪んだ・病的な）教養の育成」を肯定しているとはやっぱり考えにくいので、この解釈はあながち間違いではないように思うのである。

図書館において幅広い知識を得るためには、自由な資料収集と提供は必須であろう。学校図書館法ではそれがさらに強調されているのだから、「健全な教養の育成」を「図書館の自由」の対立概念ととらえるのはいささか軽率ではないか。

「健全な教養」は「デュラン・デュラン」的な、「寺門《てらかど⇩じもん》ジモン的」な解釈もありうる。そんな思いつきのようなことを書いてしまうと、それこそ「教養がない！」と怒られてしまうのかなぁ。

本を隠すだけの簡単なお仕事？

『絶歌』と「子どもへの悪影響」

I

今から一〇年くらい前の出来事である。

勤務大学の授業で、「神戸連続児童殺傷事件」の加害少年の顔写真を掲載した写真週刊誌『フォーカス』（一九九七年七月九日号）の出版の是非をテーマとして、肯定側・否定側に分かれてディベート学習を行ったことがあった。大学三年生を対象にした授業だったから、加害少年とちょうど同世代の学生たちがディベートに参加したことになる。勝敗や論戦の内容ははっきりと思い出せないのだが、一つだけ今でも妙にはっきりと思い出すことがある。ディベート終了後に、オーディエンスの学生に提出してもらったレポートの一つに、

「ディベートでは酒鬼薔薇聖人が犯人という前提になっていたが、彼は犯人ではない」「冤罪である」「国家権力にはめられた」

という感想があったのである。

インターネットを調べてみると、当時、確かにそうした主張を展開しているサイトがあった。学生はおそらくこのサイトを参考にしてレポートを提出したのだろう。ディベートの感想になっていないわけではなかったので、そのまま受け取ったのだが、こうした都市伝説のようなものが若い世代に広がっていることを、ただただ不気味に思ったことを覚えている。

Ⅱ

二〇一五年六月一一日、神戸連続児童殺傷事件の加害少年（元少年A）が書いたとされる『絶歌―神戸児童連続殺傷事件』が太田出版から発売された。発売直後に兵庫県・明石市長が「市立図書館には置かない」と発言したこともあってか[1]、各地の公共図書館での取り扱いが連日のように新聞やテレビで取り上げられる騒動になった。日本図書館協会図書館の自由委員会では、過去の事例にならって、図書館への頒布差し止めの司法判断がない段階では、提供を制限する理由はないとする確認文書を六月末に発表したが、その後も各図書館での対応が分かれているとする報道は続いている。

あのような凄惨な事件が二度と起こらないようにするためには、事件がなぜ起こったのか、少年を犯罪に向かわせたものが何だったのかを知ることは避けて通れない。「専門家だけが知っていればいい」という意見もあるが、同じ世代の子どもを持つ親たちのなかには、この事件を「他人事ではない」と感じる人たちも少なからずいるはずである。

そうした意味では、『絶歌』を提供することは、市民の「知る権利」に直結した図書館の任務であろう。そして、あらためて書くまでもなく、このことは事件の翌年、加害少年の供述調書を遺族に断りなく掲載した『文藝春秋』（一九九八年三月号）が発売された際にも十分に議論されてきたはずである。

ただし、今回の『絶歌』の騒動では、そうした「知る権利」の問題とはまた別に、「子どもへの悪影響」を心配する声も聞こえてくる。滋賀県立図書館では、「当初は制限を設けず貸し出していたが、館内会議などを経て（中略）成人に限定して貸し出すことにした」と報じられているし、[2]「青少年への衝撃の大きさを勘案」し、「貸し出しに年齢制限を設け」、「一九歳以上に制限」した町立図書館があることも伝えられている。[3]発売後、図書館関係者と会うと必ずと言っていいほどこの話題になるのだが、「大人が読むのはいいけど、子どもが手にとったらどうしよう」といった悩みを相談されることも少なくない。報道では取り上げられないが、「子どもへの悪影響」を理由に本書を収集しないと判断した図書館もあるだろう。

もちろん、図書館は子どもの利用者の「保護者」ではないのだから、自分の子どもに『絶歌』を読ませたくないなら、保護者がそう言って聞かせればいい。自由宣言の解説書でも、「子どもの権利条約」を引用しながら、「児童の福祉に有害な情報及び資料から児童を保護」する「責任は、まずは父母または法定保護者にある」と説明している。[4]ALAによる「未成年者の図書館へのフリーアクセス」という文書でも、「親が反対したり、反対しそうだからという理由で、未成年者のアクセスを制限する図書館員は自分たちの立場が（中略）決して親代わりではないことを銘記すべき」と指摘されている。[5]

しかしながら、そんなふうに割り切れない図書館が多いのは、神戸連続児童殺傷事件の加害少年の存在が、その後の少年犯罪に大きな影響を与えたという事実があるからだろう。例えば、二〇一五年一月に起こった愛知県・名古屋市の女子大学生（一九歳）による老女快楽殺人事件でも、加害少女がこの少年を「崇拝していた」という報道があるし、[6]二〇一四年七月に起こった長崎県・佐世保市での女子高生同級生殺害解剖事件についても、加害少女（一五歳）が図書館で過去の少年犯罪を熱心に調べていたという報道がなされている。[7]

そもそも『絶歌』の内容を市民が知る意味があるとしても、むごたらしい少年犯罪をくり返させないということにあるわけだから、子どもではなく、その親の世代が読めれば十分とも言えるかもしれない。『絶歌』を読む前の段階の感想なのだが、「年齢制限」という選択は一概に否定できないような気もしたのである。

III

そんなことを考えるなかで、品薄状態だった『絶歌』をやっと沖縄でも購入することができた。ここで個人的な感想を書いてもあまり意味はないかもしれないが、実際に読んでみると、報道やネットから伝わってくるセンセーショナルな印象とは少し違った感想を持った。本書の半分（後半）は医療少年院を出た後のエピソードだし、前半部分も罪を犯すまでの回想が大半である。猫を殺害して性的な興奮を得ていたという記述は確かに生々しいが、凶行に及んだ場面の具体的な描写は拍子抜けするほど少ない。その点においては、『文藝春秋』の供述調書の方がよほど詳細であり、目を覆いたくなる残酷な描写もある。しかも、ネットにはこの供述調書をもとにしたと思われる情報があふれており、「（少年は）サヴァン症候群である」といった、神秘的な尾ひれもついている。本書を読めない代償として、ネットに流れていく若い世代がいることを考えれば、図書館がこの本を利用者の目の前から隠してしまうことが「教育的な配慮」とはだんだん思えなくなってくるのだ。

同じころ、図書館関係のメーリングリストで、ジャーナリストの江川紹子氏がこの問題について発言していることを知った。江川氏は次のように書いている。

「Aが起こした事件が与えた影響は大きい。『なぜ人を殺してはいけないのか』という問いが若い人から発せられたり、殺人を犯した者が『誰でもいいから人を殺してみたかった』と供述する事件がいくつも起きている。Aは一部の人たちに『神』扱いされ、名古屋で女性を惨殺した女子大生なども、『Aを尊敬している』と伝えられている。そのAも、この本を読む限り、罪の大きさにおののく『ただの人間』だ。『なぜ人を殺してはいけないのか』の問いに、彼なりの答えも出している。この本が、彼への歪んだ『尊敬』や『憧れ』

が色あせるきっかけになればと願う」[8]

名古屋市の事件からもわかるように、加害少年を「崇拝」し、「神格化」する動きは、『絶歌』が出版されるずっと前から存在していたのだろう。そして、そうした現象は、正確な情報が世の中に出てこないことによって、嘘や憶測のオンパレードが虚像を作り出した結果とも考えられないだろうか。神格化というわけではないが、冒頭で紹介した冤罪説は今もネット上で多数読むことができる。それも情報の少なさと不確かさが招いた一つの結果だろう。

江川氏も書いているように、この本のなかの少年は「神」ではなく、「ただの人間」である。本人の言葉として罪の重さが語られることは、これまでこの事件を報じた資料にはない価値を子どもたちに与えてくれるとは考えられないだろうか。そんなふうにこの本を子どもたちに届けることはできないだろうか。

誰もが経験があることだと思うが、大人が隠せば隠すほど、子どもはそれを見たくなる。隠されているものほど子どもには魅力的に見えてしまう。魅力的に見えるだけでなく、邪悪なものに写ってしまうかもしれない。反対に、隠さずに見せてしまうことで、その邪悪な魅力は色あせて見えるかもしれない。

『フォーカス』『文藝春秋』『絶歌』と、神戸連続児童殺傷事件は想像を超えるレベルで「図書館の自由」を揺さぶってくる。それでも、図書館員の仕事は、本を隠すだけの簡単なお仕事になってはいけないと思う。

1「神戸連続児童殺傷　元少年A手記　波紋」『読売新聞』二〇一五・六・二〇　朝刊大阪三五面

2「『絶歌』は二〇禁扱い…滋賀県立図書館」『産経新聞』二〇一五・七・八　滋賀版朝刊二〇面
3「連続児童殺傷事件・元少年Aの手記『絶歌』　図書館で対応分かれる」『苫小牧民報』二〇一五・七・一〇　朝刊二一面
4 日本図書館協会図書館の自由委員会編『「図書館の自由に関する宣言一九七九年改訂」解説』第二版　日本図書館協会　二〇〇四　二〇頁
5 日本図書館協会図書館の自由に関する調査委員会編『子どもの権利と読む自由』（図書館と自由 第一三集）　日本図書館協会　一九九四　四三頁
6「殺人願望　心の闇　容疑女子学生　話した動機」『朝日新聞』二〇一五・一・三一　朝刊三五面
7「人体へ異様な関心　一人暮らしで増幅か」『朝日新聞』二〇一四・八・二六　朝刊三五面
8「非難轟々の【元少年Aの手記『絶歌』】で軽視される『言論の自由』と出版の意義」http://biz-journal.jp/2015/06/post_10453.html　二〇一五・六・二三公開

西河内さんに聞いてみよう！ 3

『絶歌』をめぐる問題 読みたくない、読ませたくないという要求にはどうこたえるべきか？

●山口の疑問●　二〇一五年、図書館界で最も大きな話題になったのが、神戸連続児童殺傷事件の犯人である、元少年Aが書いたとされる『絶歌』の扱いだったと思います。新聞報道を調べたり、学会発表や身近な図書館で話を聞いたりするなかで、「難しいなぁ」と思うのは、「選書基準に合わない」という理由で購入を控えている図書館が多いということです。「暴力・犯罪・残虐性」や「人権侵害」を助長する資料であることを選書しない基準に掲げている図書館もあり、『絶歌』はその基準に明確に抵触するから収集しない、ということのようです。収集しないだけでなく、相互貸借にもこたえない図書館もあるようです。

「図書館の自由」は、教育機関としての主体性（選書の主体性）に基づく選書を行うべきだ、という考えをベースにしていると思います。とすると、利用者に日々接している図書館員が教育専門職として主体的に判断した結果として『絶歌』を集めないことは、自由宣言の理念に反しないことになってしまいます。話を聞いてみると、選書基準に合わないから購入しないと判断した図書館でも、自分たちが自由宣言に反しているという認識は持たれていないようです。

自由宣言が図書館に求めている選書の主体性というのは、『絶歌』を収集しない、相互貸借も受け付けない、という判断も含めてその主体性を認めているのでしょうか？

■西河内先生■　結論から言うと、『絶歌』を集めない・提供しないという選択肢は図書館にはないと思います。『絶歌』という資料が、現時点で、あれだけ世間を騒がせた大きな事件の、加害者本人が書いた唯一のまとまったものだとすれば、多くの利用者にとって必要な資料だと考えるのが筋だからです。本書に対しては、加害者に都合のいいことしか書かれていない、といった批判もあるようですが、個人の手記に自己正当性が働くのは当然です。そんなことを言い始めたら、政治家の手記もほとんどすべてが無価値になってしまいます。自己正当性をもって資料的価値がないとするのはおかしなことです。

もちろん、図書館員が主体的に議論した結果として、『絶歌』を購入しないことにしたということならば、その決定は否定しません。しかし、購入しなかった図書館の多くは、「教育委員会が決めたから」「市長が怒っているから」「集めたら議会で批判を受けるかもしれない」といった外部の声に影響を受けている気もします。『絶歌』だけでなく、過去のケースをふり返ってみても、図書館側は主体的な判断の結果として購入しないことを選択しているつもりでも、実際には世間様に惑わされていることが多いのです。

『図書館戦争』の影響もあるのでしょうか、最近は、「図書館の自由」という言葉が一般的にもかなり浸透してきたように感じます。しかし、言葉が知られるようになることと、その意味が正しく理解されることは全く別問題です。「図書館の自由」について、最も多い誤解が、「この本は素晴らしい本だから他の人にも読んでほしい（寄贈を受け入れてほしい）」とか、「この本はひどい本だから読みたくない」とか、「他の人に読んでほしくないから買わないでほしい」とか、そうした要求もそのなかに含まれていると理解されていることです。自由宣言にはあくまでも「資料要求にこたえなければならない」としか書かれていません。資料要求にこたえることとは、言いかえれば「知る自由・知る権利を保障する」ということです。「他の人にも読んでほしい」という要求は、その本をすでに読んでいる時点で「資料要求」とは言えませんし、「読みたくない」のであれば読まなければいいわけですよね。「読ませたくない」という要求も、「知る」こととは全く無関係ですし、そもそも他の利用者の人権侵害に直結する行為ですから、図書館はぜったいに応じるべきではありません。

『絶歌』については、保護者からの要望として、自分の子どもには読ませたくないという声が上がっているとも聞いています。確かに、小学生にお勧めするような内容の本ではないと個人的には思うので、保護者の気持ちもわからないではありませんが、それは図書館の自由の問題とは切り離して議論するべきでしょう。

第四部　読書ノート

図書館と貧困

「陽だまりここよ」・ホームレス・ワーキングプア

「マンガ好き」という趣味が高じて、一〇年ほど前から、マンガのなかで図書館がどのように描かれているかを調べている。これまでに二五〇〇作品くらいを集めたが、現実の図書館が抱えている問題を鋭く描いているものもいくつかあって、図書館とはなんだろうと考えさせられることも少なくない。

館林耕介さんの「陽だまりここよ」という作品には、読書の世界で起こるようなことは現実には起こらないと考えている女性職員（主人公）が登場する。彼女は、日々の仕事は真面目にこなすが、自分で判断して何かをするということがないため、ハッキリした性格の同僚の女性職員を常にイライラさせる存在でもある。

主人公が勤務する公共図書館には常連のホームレスが数人やってくる。いつも同じジャージを着た中年男性、浜ちゃんもその一人である。浜ちゃんは友人のホームレスとともに館内で散髪をしたり、「たまらないにおい」を放ったり、冷水器で頭を洗ったり、住所がないのに本を借りたいと言って、図書館員たちをたびたび困らせている。

そんなある日、主人公は事務室にて沸騰したやかんをひっくり返してしまい、同僚の女性職員の顔にひどい火傷を負わせてしまう。退院した同僚は「口先だけで謝ってもらおうなんて思わない」「私と同じ目に遭わせてやりたい」「これで自分の顔にキズ入れてみなさいよ」とカッターナイフ持って主人公に迫る。

夜、閉館後の図書館内に一人残って落ち込んでいる主人公。彼女は手にしたカッターナイフを見つめている。常連のホームレス（浜ちゃん）はどこから忍びこんだのか、彼女をはげますためにおどけて見せ、

「図書館っていいよなぁ、本がいっぱいあって」

「わしみたいなクズの人間でも何かしなければって奮い立っちゃうね」

「気楽にいきましょうや。たまにははめ外したらいい」

と話してくれる。

ここは、たかが
図書館なんです。
私では
私の力では
どうすることも
できない。
私は今まで
狭い世界でしか
生きてこなかった。
この人たちの
つらい体験の前で
どんな振る舞いをしても
見透かされるしかない。

館林耕介「陽だまりここよ」
『ビッグコミック別冊　ゴルゴ13シリーズ』
2005年4月13日号掲載　小学館

その日、彼女は初めて自分の判断で浜ちゃんに本を貸し出すことにする。浜ちゃんは、降り出した雪のなかを、本を抱えて、喜んで帰っていく。

数日後、本を返しにきたのは浜ちゃんではなく彼の友人であった。浜ちゃんは、昨晩、急に具合が悪くなってそのまま死んでしまったらしい。友人は、「浜ちゃんが本のお礼をしたいと言っていた」と告げて、カウンターで大声で「紺野さんありがとう感謝してます!」と叫ぶ。主人公はその姿を見て、「ここは、たかが図書館なんです」と嗚咽し、その場から逃げ出してしまう。

II

いろいろな読み方ができると思うが、私がこの作品を読んで感じたことは、「誰のための図書館なのか」ということであった。

もう一五年も前のことになるが、私が大学院時代に修士論文で取り上げたテーマは「山谷地区における図書館活動」であった。

山谷地区とは東京の台東区と荒川区にまたがる簡易宿泊所街であり、主に土木・建設現場での肉体労働に従事する人々が多く集う日雇い労働者の街である。山谷地区(またはその周辺)には、一九九〇年代の中ごろまで三つの区立図書館があった。日雇い労働者は毎日仕事につけるわけではない。高齢や怪我などを理由に仕事につけなくなると、定宿を持たない「路上生活者」へと身をやつしてしまう。仕事にあぶれた人々は、雨風を避け、酷暑や厳寒を凌ぐために、区立図書館で一時を過ごすことが多かった。

図書館界には「利用者を差別しない」という理念がある。かつて関係者にインタビューをして回ったところ、「陽だまりここよ」で描かれているように、住所がない利用者であっても、寝泊まりしている近所の「公園」を住所として登録して、貸出を行っていたというエピソードもあった。

しかし、図書館の居心地良さが労働者の間で知られるようになると、一日に数百人もの労働者が図書館を訪れるようになり、次第に労働者のマナーも悪くなって、「閲覧席での賭博」や「放火」「酩酊による糞尿の垂れ流し」などが横行した。図書館には、周囲の利用者から「臭い」「汚い」「怖い」といったクレームが寄せられるようになり、閲覧席を撤去して館内の滞在ができないようにしたり、大きな荷物の持ち込みを禁止したり、眠っている利用者がいたら膝を叩いて起こしてまわるなどの対応がとられた。

その結果、一九九〇年代中ごろには区立図書館を利用する労働者は減少し、三館中一館が山谷地区から離れた場所に移転したころには、かつてのような深刻な状況は見られなくなっていく。


あれからかなりの時がすぎて、世の中はずいぶん変わってしまった。目の前には貧困と格差の時代が堂々と横たわり、その問題は非正規職員が増加し続ける図書館員の身にも迫っている。その一方で、図書館におけるホームレス問題は新聞記事などで再び取り上げられるようになっている。

貧困の問題を「ワーキングプア」という問題にまで広げて考える時、図書館と貧困、ホームレス問題は新しいとらえ方ができるのではないだろうか。

「陽だまりここよ」を、現代の図書館員はどのように読むのだろう。

全国ＯＰＡＣ分布考
オーパックなのか？　オパックなのか？

Ｉ

ずっと前から気になりつつも、あまりにも些細なことなので口には出せずにいたのだが、やっぱりどうも気になっているので、今回はそのことを話題にしてみたい。「ＯＰＡＣ」はいったいどう読めばいいのか？　という問題である。

私が「ＯＰＡＣ」という言葉を初めて耳にしたのは、確か、大学院に入ったころだから、一五年くらい前のことである。当時、周りの友人や先生たちは「オーパック」と長音つきで読んでいたと記憶しているのだが、私はある理由があって、いつのころからか「オパック」と長音なしで読むようになった。しかし、大学の教員になって図書館学を教えるようになると、学内の別の先生が「オーパック」と呼んでいたりして、学生から「どっちが正しいんですか？」と質問されるようになってしまった。

まず、「Ｇｏｏｇｌｅ」を使って調べてみると、ヒット件数は「ＯＰＡＣ─オーパック」は約三二一〇件、「ＯＰＡＣ─オパック」は約一九四〇件となっていて、長音つきがかなり優勢という結果であった。

図書館学の用語辞典を調べても、読みが掲載されている『図書館用語集』（改訂版　日本図書館協会　一九九七）、『図書館情報学ハンドブック』第二版（丸善　一九九九）、『最新図書館用語大辞典』（柏書房　二〇〇四）では、いずれも「オーパック（おーぱっく）」と長音つきで説明されているから、図書館界の公式見解でも長音つきが正しいとしているのかもしれない。
ただし、国立国会図書館のサイトでは、前ページの左図のように、「オパック」となっているではないか。「オパックも間違いじゃない！」と一安心。しかし、同じ国立国会図書館でも、国際子ども図書館（右図）は「オーパック」と読んでいて、うーん、困ったことに、同じ館種の図書館なのに全く統一感がない。

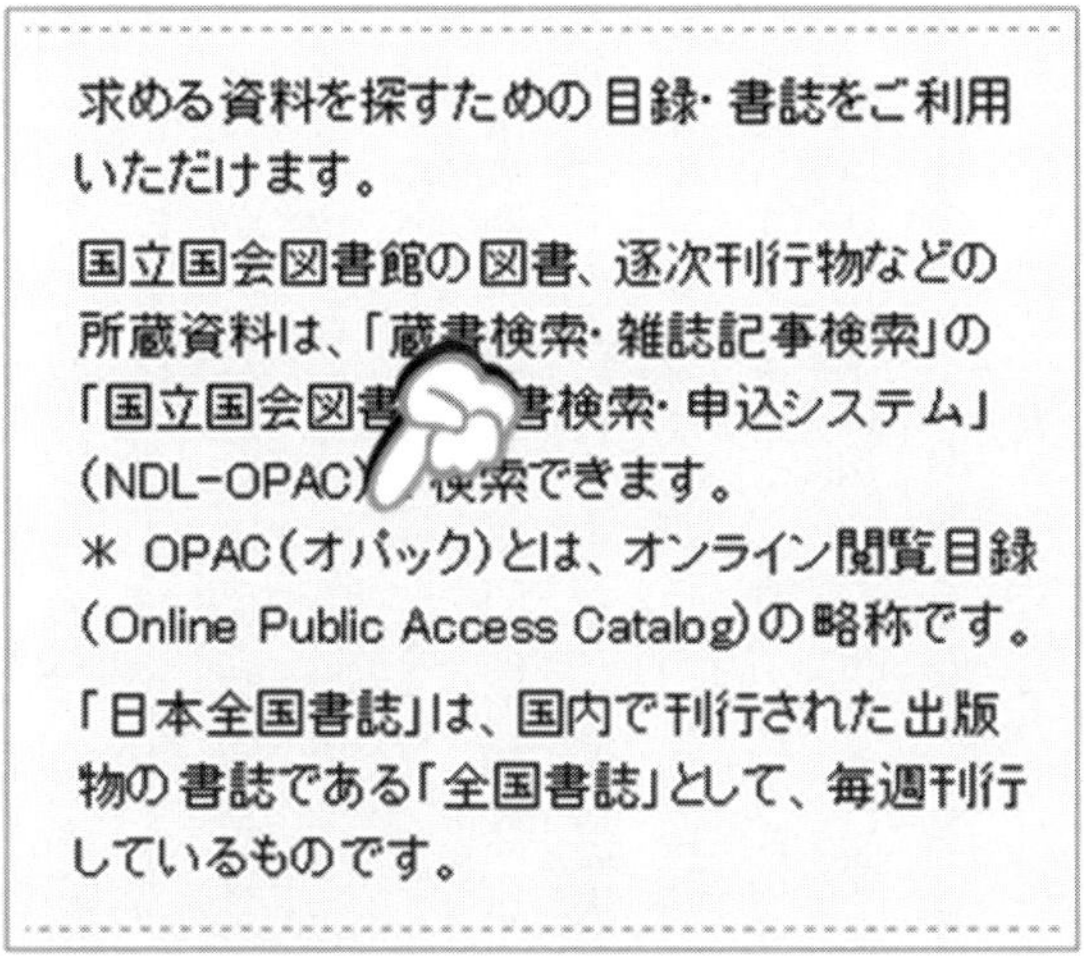
求める資料を探すための目録・書誌をご利用いただけます。
国立国会図書館の図書、逐次刊行物などの所蔵資料は、「蔵書検索・雑誌記事検索」の
「国立国会図書
書検索・申込システム」
（NDL-OPAC）
検索できます。
＊ OPAC（オパック）とは、オンライン閲覧目録（Online Public Access Catalog）の略称です。
「日本全国書誌」は、国内で刊行された出版物の書誌である「全国書誌」として、毎週刊行しているものです。

国立国会図書館「資料の検索」
http://www.ndl.go.jp/jp/data/opac.html
2012.2.19 アクセス

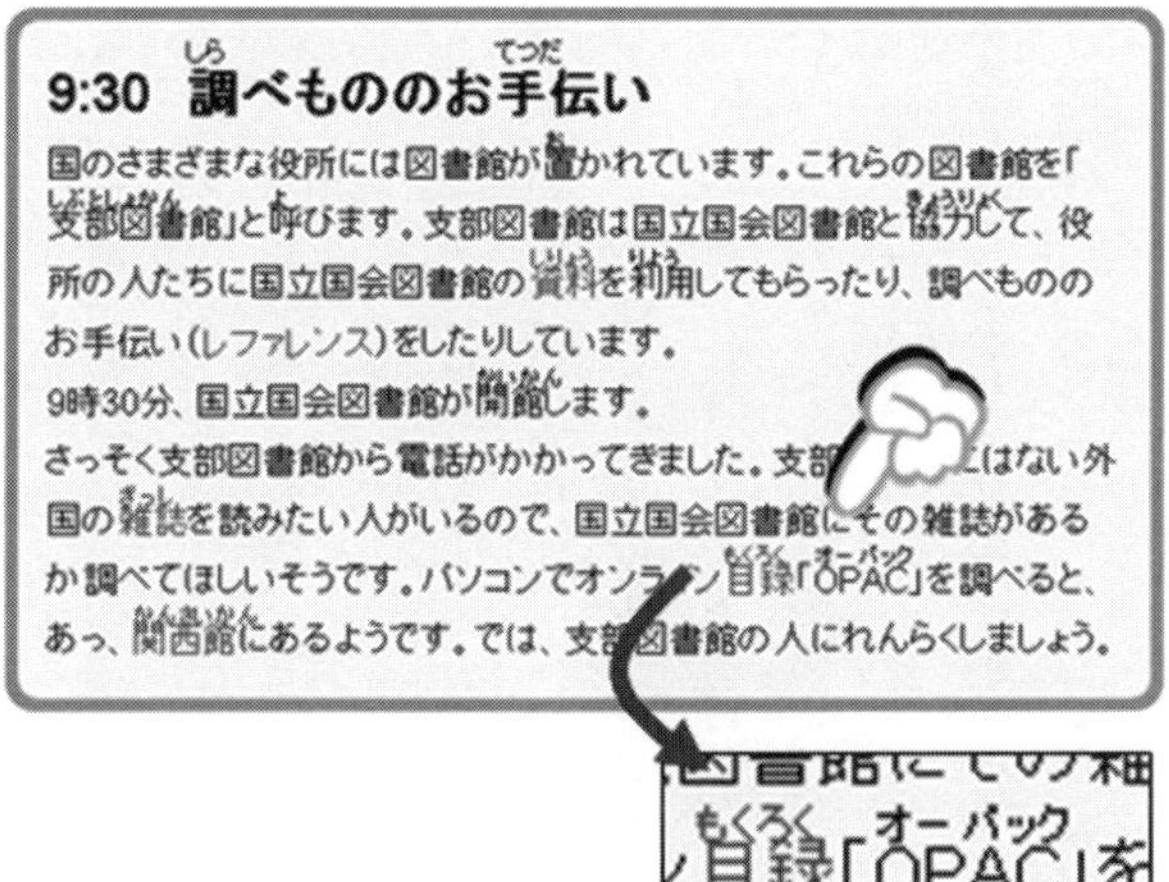
9:30 調《しら》べもののお手伝《てつだ》い
国のさまざまな役所には図書館が置かれています。これらの図書館を「支部図書館」と呼びます。支部図書館は国立国会図書館と協力して、役所の人たちに国立国会図書館の資料を利用してもらったり、調べもののお手伝い（レファレンス）をしたりしています。
9時30分、国立国会図書館が開館します。
さっそく支部図書館から電話がかかってきました。支部
にはない外国の雑誌を読みたい人がいるので、国立国会図書館にその雑誌があるか調べてほしいそうです。パソコンでオンラ
目録「OPAC」を調べると、あっ、関西館にあるようです。では、支部図書館の人にれんらくしましょう。
目録《もくろく》「OPAC《オーパック》」を

国立国会図書館国際こども図書館「国立国会図書館のしごと」
http://www.kodomo.go.jp/kids/ndl/service/report_05-01.html
2012.02.19 アクセス

II

もともとOPACは「Online Public Access Catalog」の略語なのだから、結局のところは、「どちらでもよい」というのが正解なのだろう。極端に言えば、「OECD」を読むときのように、「オーピーエーシー」と読んだってかまわないはずである。しかしそうであるとしても、細かいことが気になる私は、なぜ図書館界では、OPACに長音つきと長音なしの二つの読み方が存在するようになったのか、ということが引っかかってしまう。

私が以前からひそかに考えていた一つの仮説は、OPACの読み方にはいわゆる「方言」のような地域差があって、関東圏は「オパック」、関西圏は「オーパック」と読んでいるのではないか、ということである。学会や研究会などで本土に行くと、どうも関西の人たちは「オーパック」と長音で読む人が多くて、関東の人は「オパック」と読んでいるような気がする。私も関西で長く生活をしていたから、長音つきの方が何となく関西弁と相性がよい感じもする。そこで、各地の図書館のサイトでOPACの読み方がどのように説明されているかを調べてみると、地区別の比率は次の表のような結果となった。確かに、関東では「オパック」の比率が五二・六%、「オーパック」の比率が三二・四%となっていて、長音省略形が優勢である。しかし、私の印象とは違って、関西ではどちらも二〇%程度で大きな差はない。ただし、北海道、東北、四国で、いずれも「オーパック」が優勢となっていて、やっぱり何らかの地域差はあるような気もしないわけではない。

では、アルファベットの略語の読み方に地域差のような、一定の法則性のようなものはあるのだろうか。方言に関係するなら、きっと言語学の分野だろうと思って、まず同僚の専門の先生に質問してみたところ、残念ながら略語の読みについての方言論は聞いたことがないということであった。ただし、OPACを「オーパック」と呼ぶのは、もしかすると「短縮語の法則」が関係しているのではないか、という第二の説も出てきた。

「OPAC」をどう読むか？（地域別・図書館数）

地域	オーパック	（%）	オパック	（%）
北海道	14	9.7	2	2.1
東北	11	7.6	3	3.2
関東	47	32.4	50	52.6
中部	21	14.5	9	9.5
関西	30	20.7	19	20.0
中国	8	5.5	4	4.2
四国	6	4.1	1	1.1
九州	7	4.8	5	5.3
沖縄	1	0.7	2	2.1
合計	145	100.0	95	100.0

検索上位200件のサイトを対象として、図書館システムの企業サイトや重複してヒットするサイトを除いたサイト合計数を100とし、地区別の占有率を集計した。調査日は2012年2月19日

一般に、和語や外来語の複合語が短縮される場合、前の要素と後の要素の頭の音を2モーラ（音の文節単位）ずつ、または後の要素を3モーラ取ってつなげることが多いという。

例えば、

「うなぎどんぶり」⇒「うなどん」

「デジタルカメラ」⇒「デジカメ」

「KOREAN POPS」⇒「ケーポップ」

となる。

つまり日本人は、何かの略語を作るときに〈2モーラ―2モーラ（または3モーラ）〉の組み合わせを好むということである。OPACもともとは「オンラインパブリックアクセスカタログ」の略語であり、最初の語を「オ」と1モーラにするよりは、「オー」と「パック」という2―3モーラの組み合わせとした方がしっくりくるため、自然に長音がついた、だから、最初に使われるようになったのはおそらく「オーパック」の方だったのではないか、とその先生は指摘するのである。確かに、冒頭でも書いたように、一九九〇年代に発売された図書館学の用語辞典ではすべて

「オーパック」になっているし、私が大学院生だった一五年くらい前は、みんな「オーパック」と言っていたような気がする。時系列で考えると、「オーパック」という読みが最初に成立して、その後、「オパック」という読みが新しく使われるようになったのかもしれない。

ではなぜ、「オパック」という読みが新たに登場したのだろうか。その先生の話では、言葉の区切りの認識に変化が生じたとすれば、長音が外れた理由はなんとか説明がつくという。つまり、OPACという言葉が出始めたころは、「PAC（パック）」という言葉の響きが非常に身近に感じるため、「O」と「PAC」が独立した二語として認識されてしまい、上述のように、前の要素の「O」が1モーラでは座りがわるいため、長音が加わって〈2モーラ―3モーラ〉の組み合わせとなったが、その後、「OPAC」という言葉の意味が浸透するにつれて、「O」と「PAC」の間に意味的な分断がないことが認識されるようになると、全体で一つの塊として認識されるようになり、特に〈2モーラ―3モーラ〉の組み合わせを成り立たせる必要がなくなったため、「オパック」という新しい呼び方が出てきたのではないか、ということであった。なるほど。とすれば、言語学的には「オーパック」よりも「オパック」の方が正しいということになるのかな。

III

この説にちょっと近いのだが、言語学の先生とは別に、情報学の先生に聞いた話も紹介しておきたい。これも省略語の一種だと思うが、理系の分野では、例えば、「コンピューター」は「コンピュータ」、「プリンター」は「プリンタ」というように、〈末尾の長音の使用が嫌われる〉傾向があるという。コンピュータ用語には長音で終わる語が多いため、入力の手間を省いたり、できるだけデータの容量を小さくする目的で、長音を省略するルールができたらしい。

ちなみに、この法則は、二つの語が組み合わさったときも同様であり、

コンピューターファイル ⇒ コンピュータファイル
カスタマーサービス ⇒ カスタマサービス

となる。

OPACの場合も同様で、この語を一語とは考えずに、なんとなく「オー」と「パック」の二つの語の組み合わせだと考えてしまっていた時期に、前の語の長音が嫌われてしまった、という可能性があるように思うのである。

ちなみに、日本マイクロソフト社は、二〇〇八年七月に「マイクロソフト製品ならびにサービスにおける外来語カタカナ用語末尾の長音表記の変更について」というガイドラインを発表し、「コンピュータ[ー]が広範に普及するにつれ、末尾の長音を省略する傾向の強い工業系、自然科学系の表記に対するユーザ[ー]の違和感が増大」しており、「市場のニーズとして、より発音に近い表記が求められています」として、「言語の末尾が—er、—or、—ar などで終わる場合に長音表記を付けることを推奨」すると発表している。国内のコンピュータ(ー)関係の企業もこの方針に追随しているから、図書館界でもこれからは再び「オーパック」という読みに戻っていったりするのかもしれない。

Ⅳ

さて、長々とOPACの読み方について論じてきたのだが、なぜ理系の学者でも何でもない私が「オーパック」ではなく、「オパック」と呼ぶのか、という疑問が最後に残されることになった。上で「ある理由があって」と思わせぶりに書いてしまったのだが、そんな大仰な理由はない。

実は、OPACという言葉を私が使うようになったころに、「OZAK(オーザック)」というスナック菓子が大流行していて、「OPACをオーパックと読むと、なんだかお菓子みたいで間抜けだなぁ……、略語なんだし、オパックでいいんじゃない？」と思ったからなのである。実にくだらない告白なのだが、他にも私のような人間がいるのでは……、と思い、「地域差（方言）説」「意味浸透説」「コンピュータ用語説」と並ぶもう一つの説として「スナック菓子みたいで嫌だ説」を、最後に堂々と世の中に問いかけてみるのである。

可視化する格差

武雄・スタバ・コーヒー・三〇〇円

大学の先生という仕事をしているため、「大学時代の思い出は?」とか、「どんな学生だったんですか?」とたずねられることが時々ある。研究室での学生たちとの世間話でそんな話題になることもあるし、授業の課題でインタビューを受けたり、大学の広報用にエッセイを書いてほしいと依頼されたりもする。

「大学時代の思い出は?」と聞かれて、ぱっと思いつくのは、とにかく「お金がなかった」ということである。大学時代に一人暮らしをしていた時の家計簿がまだ手元に残っているのだが、例えば、大学三年生の一一月の生活費（光熱費を除く）は一か月合計で「一八七二円」と書いてある。支出のほとんどは食費で占められていて、朝は納豆ごはんと味噌汁、昼は抜いて、夜は水っぽいカレー（かシチュー）、というひどい食生活である。大学はアパートから電車で三駅先のところにあったのだが、定期代がもったいないのですぐに自転車通学に切りかえて、その自転車も大学四年の春にスクラップになり、それからは雨の日も雪の日も一時間以上かけて歩いて通学した。

そんな私が、曲がりなりにも大学生活をまっとうできたのは、誰が何と言おうと図書館のおかげである。

まず、大学の図書館には授業で使うテキストがほとんど揃っていて、ないものはリクエスト（購入依頼）ができた。三週間しか借りられないのだが、朝返却して、昼すぎに図書館に行くと、優しい司書さんは何も言わずに元の場所にテキストをちゃんと戻してくれている。

授業中に図書館のシールが貼ってある本を机に置くのは恥ずかしかったし、「教科書に線を引いて」「あれ、なんで君引かないの?」という先生の声が悪魔の声に聞こえたりもしたけれど、当時は、五千円以上もする専門書をテキストに指定するとんでもない先生もいたから、経済的にずいぶん助かったのである。

図書館という「場所」にもかなり世話になった。住んでいたボロアパートにはエアコンなどあるわけもなく、夏は畳がぐにょっと沈むほど熱がこもる構造で、冬はほぼ吹きさらしの路上で布団を敷いて寝ているのと同じような底冷えがして、自宅にいると(冗談でもなんでもなく)このまま死んでしまうのではないか、と思うことが度々あった。だから、夏は日が昇る前に家を出て、クーラーのきいた図書館の地下の閲覧席で涼み、冬も閉館ぎりぎりまで図書館で暖を取るという生活をせざるをえない。あんまり大学の図書館に長くいると恥ずかしいので、夕方になると公共図書館に場所を移す。そんなふうに毎日、いろんな図書館に通っていると、本を読む以外にやることもないので、自然と読むジャンルが広がったり、勉強する時間も長くなっていく。次第に成績も良くなっていって、卒業時には学長に表彰されるくらいまでの優等生になってしまっていた。

「図書館は貧しい人の味方」

「勉強するのにお金はかからない」

人生を語るのは恥ずかしいけど、このことだけは学生に伝えられたらいいなと思っている。

II

昨年(二〇一二年)、TSUTAYA等を経営するCCC(カルチュア・コンビニエンス・クラブ株式会社)が指定管理者として運営することが決まってから、佐賀県武雄市の図書館が何かと話題になっている。担当している授業でも紹介する機会が増えてきたので、一度、自分の目で見ておきたいと思って、六月下旬に訪問することにした。

武雄市図書館については、事前にいろいろな批判を目にしていたが、実際に行ってみると、良いところもいくつかあった。例えば、タッチパネルの小さなタブレットが本棚に備えつけられていて、本棚から離れずに蔵書を検索ができるのはとても便利だし、沢山の種類のファッション誌やホビー誌が、販売用ながら、閲覧スペースに持っていってゆっくり読めるのも単純に嬉しいと感じる利用者も多いだろう。

ただし、私がどうしても気になってしまったのが、入り口近く、明るい窓際の一等地に陣取った「スターバックス」の存在である。大人に交じって、小学生の男の子が購入したコーヒーを飲みながらノートを広げていた光景に、私は強い違和感を覚えてしまったのである。

スターバックスの商品は他のコーヒーチェーン店と比べて、決して安くはない。ほとんどのドリンク商品が三〇〇円以上する。チェーン店のなかには二〇〇円でコーヒーを飲ませてくれるところもあるし、コンビニだと一〇〇円ちょっとで挽きたてのコーヒーが飲める。学生の話では、「スタバは勉強をするところ」だそうだから、その価格には場所代も入っているのだろう。しかし、そうは言っても「三〇〇円」である。

例えば、小さな子どもを連れた母親が図書館にやってきたとする。暮らしは楽ではないから、図書館に来るたびにドリンクを二人分注文することはできない。しかし、目の前では、自分の子どもと同じくらいの年齢の子どもが、母親と一緒に美味しそうにドリンクを飲んでいる。連れてきた子どもは「ぼくも飲みたい」とぐずりだす。母親は小さな声で「我慢しなさい」と言う……。いや、幼いながらも子どもは意外に我が家の経済状況はわかっているからうらやましく思っていても、母親を気遣ってなにも言わずにぐっと我慢するかもしれない。

もちろん、世の中にはこういう貧富の差が如実に現れる場面はいっぱいあるし、我慢を学ぶことも大事だし、悔しさをガッツに変えた「成功者」の浪花節もよく耳にする。しかし私には、それをなぜ、誰もが平等に利用できるはずの公共の施設の中でわざわざ感じるようにしなければならないのかがわからないのである。

はるばる沖縄から武雄市までやってきたので、せっかくだから、私もコーヒーを頼んでみたのだが、そんなことを考えていると、飲んでいる方もなんだか居心地が悪かったし、悪趣味にも思えた。そういえば武雄市図書館への批判のなかに、「商業スペースを通らないと図書館スペースに行けない」という意見があったが、同じことを指摘しているのかなとも思う。

III

小学校のころ、高価な海外製腕時計を学校に持ってきて、担任の先生からすごく怒られていたクラスメイトがいた。私自身も、「子ども銀行」という毎月の積立貯金に見栄を張って一万円を持ってきて、先生からこっぴどくお説教をされた記憶がある。夜には自宅に電話がかかってきて、母親も先生に叱られていた。田舎の公立学校に通っていたから、同じクラスには裕福な家の子どもも、そうではない子どももいたのだが、所持品や言動であけすけに経済的な豊かさをアピールすることはとても「下品」なことだと教わった気がする。今の子どもたちはどう教わっているのだろう。

貧富の格差をわざわざ可視化しようとする公共図書館はどうもおかしい。でも、私が言っていることは、多くの人には届かない時代になっているような気もする。武雄市図書館は悩ましい問題を突きつけてくる。

葬儀に茶色い靴

四〇年間、誰も使わなかった百科事典

I

この原稿を書いているのは二〇一三年の大晦日である。あと一日たつと、私はまた一つ歳を取ってしまう……。

ごく当たり前のことだが、「大学の先生」という仕事は、一八歳から二二歳までの学生とくり返し接しているだけなので、なんだか自分がいつまでも歳をとらないような錯覚に陥ってしまう。しかし、確実に学生との年齢差は開いていっているわけで、授業中に学生に話が通じないことがあったりして、「あぁ、歳を取ったなぁ」とショックを受けることもある。

例えば、目録学の授業で「資料種別」を説明すると、学生たちが、レコードというものは見たことがあっても、アルバム（LP盤）の他に、半分くらいの大きさのシングル（EP盤）があったことは知らないことにびっくりする。VHSのビデオテープはかろうじて知っていても、Betaという規格があったことは知らない。レーザーディスクはこの世に存在したことさえも疑わしくなるくらい、誰も知らない。

児童ポルノ禁止法の説明で『サンタフェ』の話をしようとしても、学生は当時の宮沢りえさんの健康的なイメージや国民的な人気がわからないから、「ヘアヌード写真集だけど公共図書館でも集められた」「学校図書館にもあった」という微妙なニュアンスが伝わらなくてイライラする。

プライバシー保護の話をするときにも、「図書委員をやったことがある人なら、好きな先輩のカードを見たことがあるよね?」とか、「人気のある先輩のカードはよく紛失したよね?」とか、「僕のカードはいつまでも図書室に残っていたので、自分でこっそり持ち帰ってた」とか、そんな話を冗談（本当の話だけれど）として理解してくれる学生も、コンピュータで貸出をする学校図書館が増えたせいか、すっかり少なくなってしまった。そんなことが歳を取るたびにどんどん増えていくのだろう、と思うとちょっと憂鬱である。

II

こうしたギャップは逆方向に作用することもある。つい先日、学生との世間話のなかで、「インターネットがなかったころって、わからないことがある時にどうしていたんですか?」という質問を受けた。一年生の学生だから、物心をついたころから携帯電話やインターネットが身の回りにあった世代である。今の世代は、肌身離さずお守りのようにスマートフォンを持っていて、何か困ったことがあったらとりあえずそれを持ち出してくる。二年ほど前までは、電子辞書派も多かったが、最近はスマートフォン派に駆逐されそうな勢いである。彼らは授業中もスマートフォンを見ているので何事かと思って注意したら、わからない言葉を調べていただけだと逆に叱られてしまうこともある。私自身もインターネットを日々使っているが、言われてみると、それがなかったころはどんなふうにして調べものをしていたのだろう、と不思議になってくる。

『図書館雑誌』の二〇一三年一月号の「窓」というコラムに、慶應義塾大学の上田修一先生がとても面白いことを書いておられた。

「グーグルが現れる以前は、調べものは「図書館や本に頼るだけだった」などという人もいるが、これは嘘である。図書館まで行って調べるのは、ほんのわずかな人たちでしかなかった。大多数の人たちは、ニーズを感じても調べることをしなかったのである」

（「『調べるのが好き』が七割の社会」）

III

大学生のころ、バイト先でお世話になっていた方が急逝し、葬儀に出ることになった。黒色のスーツは持っていたのだが、あいにく黒い靴がなかった。葬儀に茶色い靴を履いて参列していいのかがわからない。親に電話で聞いてみたがはっきりしない。

結局、茶色い靴で参列したのだが、茶色の靴で来ている人も何人かいてほっとするのもつかの間、葬儀が始まったら始まったで、受付での挨拶の仕方や焼香の回数がよくわからず、ひたすら前の人のやり方をじっと見るだけで、悲しむ間もなく帰ってきたのを覚えている。

いまならインターネットで靴の色のマナーや焼香の回数を調べてから行くのだろうが、上田先生がおっしゃるとおり、インターネットがなかったころは、とりあえず近くの人に聞いてもわからないマナーはわからないままですませていたのである。そして、わからないですませても、みんな同じようにわからないのだから、私も含めて多くの人たちは何とも思わなかったのである。

そんなふうに考えてみると、日常生活のなかで困ったことがあった時に、仮に手元に「本」があったとしても、それを調べていたかどうかさえ怪しくなってくる。

昭和五〇年代に「百科事典ブーム」があったらしく、私の家にも学研の子ども向けの百科事典が一セットずらっと並んでいたのを覚えている。その百科事典は、今でも実家の押し入れに押し込まれているのだが、子どものこ

外函以外は新品同様

押し入れに忘れ去られた百科事典

ろにこの事典を開いた記憶が全くない。その証拠に、四〇年近くも前の本なのに外函以外はピッカピカである。実家には『家庭の医学』の古い版もあるが、これもなんとなく本棚に押し込まれているだけで、家族全員、使ったためしはほとんどないと証言している。

年末の休暇にたまたま読んでいた『ユーミンの罪』（酒井順子著　講談社　講談社現代新書　二〇一三）に、「ユーミン時代の若者」は「『マリアッチ』や『ソンブレロ』がどういうものかを理解していなかったし、ネットで簡単に検索することもできなかったのだけれど、異国情緒あふれるその言葉を耳にしただけで、メキシコにあふれる色彩は想像できた」と書かれていた。

これはシンガーソングライターの松任谷由実さんが一九八六年に発売したアルバム「ＡＬＡＲＭ à la mode」の一曲目「Holiday in Acapulco」の歌詞について書かれたものである。酒井氏は「情報が少ない方が、人間の妄想力発達するのかもしれません」と肯定的にとらえているのだけど、また別の見方もできると思う。ユーミン時代の若者の一人である私は、「マリアッチ」や「ソンブレロ」は未だに何のことかわからないままだし、「アカプルコ」がメキシコのリゾート地だったことさえ知らなかった。今の学生はこういう歌詞が出てきたらすぐにスマートフォンで調べるのだろう。

インターネット時代というのは、つくづく「調べる時代」なのだなぁと実感してしまう。

IV

二〇一三年一一月に行われた福岡での全国図書館大会の交流会で、来賓のお一人が「図書館はグーグルに負けるな!」と快活に挨拶をされていて、会場がとても盛り上がっていた。しかし、インターネットと図書館を勝ち負けの関係だけでとらえるのはちょっともったいない気もする。

上田先生も書いておられるように、インターネットという検索手段が身近になったことで、「調査からの達成感を大勢の人たちが味わう」時代が到来している。それと同時に、〈調べる⇓わかる⇓面白い〉という経験を、図書館のレファレンス担当者が独占する時代は終わってしまった。しかし、裏を返せば、インターネットで調べてわかる小さな成功体験を積み重ねることで、私たちの「調べたい」「わかりたい」という好奇心はどんな時代にもなかったほど高まっているということでもある。

これも当たり前のことだけど、何もかもが「昔がよかった」わけではない。若い学生たちは、私が大学生のころよりもずっと勉強熱心だし、新しい知識を得ることにとても意欲的である。世の中には調べることに貪欲な人々がたくさんいる。そうした「調べる時代」のなかで、図書館には今までにはなかった大きなチャンスが到来しているのではないだろうか。

歳を取るのも悪くないと思った、年の瀬である。

大学生はなぜ本を探せないのか？
へんなキーワード、NDCの存在、図書館員の不在

I

本を探せない。

三年生になった学生たちが受講するゼミで、卒論を書くための個人指導をしようとしてまず感じるのはこのことである。卒論のテーマがそれぞれ決まって、「じゃあ図書館に行って本を調べてきてね」と伝えて、しばらく待っても彼らは一向に報告に来ない。沖縄の学生はほとんどが自分で学費を稼いでいるから、バイトが忙しいとか、人間関係がうまくいっていないとか、たんに怠けているだけとか、いろいろ事情はあるのかもしれないが、勉強熱心な学生でさえも「本がありませんでした」とうなだれて戻ってくる。

でも、大学の図書館には学生が読みたい本はたいていの場合はあるのである。研究室で学生と一緒にＯＰＡＣを調べると、「ちゃんとあるじゃない」「本当に調べたの？？」ということがほとんどである。あまりにも不思議なので、学生がどんなふうにＯＰＡＣを使っているのか、簡単な調査を実施してみることにした。

一年生向けの情報科目（所属学科の必修科目）のなかで、「〝魔女裁判について調べなさい〟という課題が出た場合、あなたはＯＰＡＣにどのようなキーワードを指定して本を探しますか？」と、アンケート形式でたずねてみたところ、次の表のような結果となった（二〇一二年一〇月一四日、二〇一三年一〇月二四日に実施、複数回答可）。

2013年10月の調査　（n=124）

使用されたキーワード（上位6個）	回答数	比率（%）
魔女裁判	73	58.9
魔女	54	43.5
裁判	31	25.0
魔女狩り	19	15.3
魔女__裁判	12	9.7
火あぶり	11	8.9

2012年10月の調査　（n=132）

使用されたキーワード（上位6個）	回答数	比率（%）
魔女裁判	80	60.6
魔女	37	28.0
裁判	23	17.4
魔女__裁判	20	15.2
魔女狩り	9	6.8
火あぶり	5	3.8

勤務大学の図書館システムは、今のところシソーラスを備えたシステムではないので、残念ながら、そのまま魔女裁判と入力しても、「魔女の裁判」とか「魔女と裁判」といったタイトルの本はヒットしない。魔女 裁判と単語を短く切ってスペースを入れてAND検索をするか、または、「魔女狩り」という本もあるので、固有性が高く、件名にも入っている魔女のみを指定する方法が有効であろう。しかし、こうした検索の基礎がわかっている学生は半分もいない。

もちろん、最近映画化された『小さいおうち』を探そうとして、「ちいさいお家」とか「小さなおうち」と入力したらとたんにヒットしなくなるような今のOPACはダメすぎるとも思う。しかし、キーワードは短い方がよいとか、裁判のような一般的なキーワードだけではノイズが増える、といった基本的なスキルを学生たちが必ずしも持っているわけではないことには大いに驚かされてしまう。OPACだけでなく、今のところ雑誌記事を調べるデータベースも県内横断検索も同じスキルが求められるので、学生たちが文献を効率的に集められないのは当然と言えば当然である。

もう一つ、調査結果を見て大きな衝撃を受けたのは、へんなキーワードを使ってしまう学生が一定数存在したことである。次のページの表は

2013年10月の調査 （n=124）

3名が使用したキーワード	魔女裁判_内容　魔女裁判_歴史　魔女裁判とは
2名が使用したキーワード	魔女裁判_時代　魔女裁判_始まり　魔女裁判_本 魔女裁判について
1名のみが使用したキーワード	魔女裁判_意味　魔女裁判_フランス 魔女裁判_はじめ　魔女裁判_判例　魔女裁判_女 魔女裁判_概要　魔女裁判_国　魔女裁判_刑 魔女裁判_写真　魔女裁判_資料　魔女裁判_図録 魔女裁判_制度　魔女裁判_西洋　魔女裁判_全世 魔女裁判_東洋　魔女裁判_批評　魔女裁判_どこ 魔女裁判_人間　魔女裁判_歴史_本 魔女裁判_火あぶり　魔女_裁判_死刑 魔女_西洋_中世_火あぶり

2012年10月の調査 （n=132）

1名のみが使用したキーワード	魔女裁判_起源　魔女裁判_資料　魔女裁判_歴史 魔女裁判_刑　魔女裁判_原因 魔女裁判_フランス　宗教裁判_キリスト教 魔女_歴史_中世ヨーロッパ 魔女_裁判_中世_ヨーロッパ 文献_魔女裁判の　ヨーロッパ_文化_裁判

少数回答をまとめたものだが、

魔女裁判―刑　魔女裁判―資料　魔女裁判―原因　魔女裁判―歴史

というように余計なキーワードを追加してしまうパターンや、

魔女―裁判―中世―ヨーロッパ　魔女―西洋―中世―火あぶり

のように、キーワードがどんどん増えていくパターンが見られる。

このような、「キーワードは多ければ多いほどよい」という誤解は、おそらくはインターネットの検索エンジンとの混同から生じているのだろう。この傾向は二〇一三年の調査により顕著に表れている。魔女裁判について　魔女裁判―どこ　魔女裁判とは　などはもはやキーワードと呼べる代物でさえもなく、スマートフォンでの音声サービス（Ｓｉｒｉなどの）に近い感覚でＯＰＡＣを使おうとしているようにも見えるのである。

連想検索やディスカバリーサービスなどの次世代ＯＰＡＣ研究も進んでいるようだが、ＯＰＡＣがつねにＧｏｏｇｌｅの後追いになるとすれば、Ｇｏｏｇｌｅに慣れ親しんだ学生が、思うように図書館で文献を探し出せない状態は続いていくのだろう。なんとなく若い世代の方が「検索」には慣れていると思っていたのだが、慣れすぎているからこそ本を探せないという問題もあるのかもしれない。

II

「本を探す」ということについて、思い出したことがもう一つあった。私は勤務大学で司書課程と司書教諭課程の両方の授業を担当しているのだが、つい最近まで司書教諭の資格は持っていなかった。ご存知のとおり、司書教諭資格は教員免許状の取得を条件として認められる資格である。「学校の先生」という職業は、もちろん尊敬はしていたが、自分には最も縁遠い存在だと思っていたため、大学時代に教職課程を履修することはなく、大学の先生になってから、「司書教諭課程も担当しないとダメ」と知って、真っ青になってしまったわけである。

もちろん無資格でも資格課程の教員になってはいけないというルールはないのだが、資格課程の先生がその資格を持っていないというのも、まじめに頑張っている学生になんだか申し訳ない。一念発起して、二〇〇八年一〇月から、まずは通信課程で教員免許の取得を目指すことにしたのだが、レポートの作成が学習スタイルの中心となるため、学生時代以来、久しぶりに図書館に入りびたる日々が続くことになった。そこであらためて気づいたのは「NDCのすごさ」である。

私は高校の公民科の免許の取得を目指したため、哲学や宗教、法律、歴史、政治の勉強が主となる。「Atman説」や「因中有果説」、「債権の物権化」など、これまで聞いたこともない専門用語について、学説をまとめるだけでなく、時には批判的に考察せよというレポートも出題される。百科事典や専門事典で調べるだけでは足りないし、レポートに参考文献をたくさん書きたいという下心もあったりして、一冊でも多く、そのキーワードが載っている本を探そうとするのだが、OPACで見つかった一冊の周辺の（同じ番号の）本を探すのはもちろん、その番号の一つ上の階層にさかのぼりながら、専門書から概説書、入門書へと調べていく方法を実践してから勉強の効率がぐんと上がるのを実感できた。例えば、「魔女裁判」の本を調べているとして、OPACでは234・05という［ドイツの近代史］の分類番号の本が一冊ヒットするのだが、それだけで満足せずに［234（ドイツの歴史）］⇓［230（ヨーロッパの歴史）］と、十進法の番号を上っていくと、同じ説明でもよりわかりやすく解説しているものが見つかることもある。ヨーロッパの歴史の本を読んで、魔女裁判はドイツだけの出来事ではないことがわかると、再び［フランスの歴史（235）］などの下の階層へと調べる範囲が広がっていく、という具合である。

ＮＤＣは「利用者にはわかりづらい」とか「新しい概念に対応していない」という声も聞くこともあるが、ＮＤＣの体系性は手持ちの知識の断片を整理してくれたり、視野を広げてくれたり、知的な関心を刺激するものになっていると思う。「もっと調べたい」「もっとわかりたい」と切実に願っている利用者にとってはなくてはならない素晴らしい分類法だと感じるのである。そういえば、何かと話題の武雄市図書館では、ＮＤＣを使わずに独自の分類法を採用しているらしい。昨年（二〇一三年）六月に見学に行ったときのメモで申し訳ないが、確かに「ビジネス」の棚には、３３５・５（企業集中・独占）の本の隣に１５９（人生訓・教訓）の本があり、その隣にさらに６７３・９（サービス産業）の本が並んでいて驚いた記憶がある。武雄市長この分類法を「市民の肌感覚にあるカテゴライズ」と語っているが[*]、それは本当に図書館の利用者のためになっているのだろうか。

III

さて話は戻って、大学生が本を探せない、ということである。

大学生の多くはＯＰＡＣを使いこなせないし、分類の体系性もおそらく理解していない。しかし、だからと言って、それが「本が探せない」という事態に直結するのもおかしな話である。大学の図書館には職員さんがちゃんといるのだから、「もっと他に本はありませんか？」と一言聞けばいいのである。ところが、「本がなかったです」とやってくる学生の大半はまずカウンターに問い合わせをしていない。「なんで聞かないの？」とたずねると、「あ、しまった」という顔をしているので、困ったらカウンターに聞くという選択肢をそもそも思いつかないらしい。つまり、図書館員は空気のようにそこにいるだけで、困ったときに彼らをサポートしてくれる存在とはみなされていない。

一年生の時に図書館オリエンテーションで図書館の使い方を教えてくれた専任の職員さんがカウンターにいるだけでずいぶん変わると思うのだが、私立大学では人事異動も頻繁だし、常時カウンターにいるのは非常勤職員の方で、専任職員さんは事務室内での仕事に追われている。「図書館にはいつでもいるので声をかけてくださいね」が言える職員がいない大学図書館は少なくないと思う。「図書館の顔」の不在も、学生たちが本を探せない理由の一つだろう。

なんだか当たり前の結論になってしまったなぁ。

＊『図書館総合展アニュアルブック２０１３』図書館総合展運営委員会　二〇一三　一二頁

図書館と「依存症」

本を読まないようにする方法

ギャンブル、インターネット、ショッピング、薬物、アルコール……、そんなに深刻なものじゃなくても「依存症」というのは多かれ少なかれ誰にでもあると思う。

そして、私の場合はどうも「手帳依存症」にかかっているような気がする。

『マイブック　○○○○年の記録』という本をかれこれ一四年前から手帳代わりに使っている。新潮文庫とまったく同じ装丁で、一日一ページ分書きこめる真っ白な本になっているものだから、そこにびっしりその日の予定が書きこまれていないとなんだか一日を無駄に過ごしてしまったような気持ちになる。もっと言えば、自分が世の中に必要とされていないような、大げさに言えば、生きている価値がないような、不安な気持ちにもなってしまう。

この手帳にはその日やることをメモしておいて、きちんと終えたものに㏍としるしをつけていくのだが、㏍と書く時に小さな快感があって、その快感を得たいがために、どうでもいいような予定も書き込んでしまうこともある。

例えば、「洗濯」とか、「部屋の掃除」「トイレ掃除」とか、「ゴミ出し」とか、夕方になってそのページが埋まらないときは「洗濯をとりこむ」「洗濯をたたむ」と別々に書いてしまっている。このままだと「トイレに行く」とか、「お風呂に入る」とかも書いてしまいそうで怖いし、「お風呂に入る」はすでに何度か書いているような気もするから、ますます恐ろしくなってくる。

外出した時にこの手帳をどこかに置き忘れたら、それこそ前後不覚になって探し回りそうだし、雨に濡れて文字がにじんだら、もう一冊買いなおして、一月一日のページから新たに書き写してしまいそうな気もする。手帳を自宅に忘れてしまい、職場に来てそのことに気づいて、居ても立ってもいられなくなってしまい、自宅まで取りに戻ってしまったことも過去に何度かあった。手元に手帳がないと今日の予定がわからなくて不安ということもあるのだけれど、なにより手帳にその日やったことを書き込めないのが嫌なのである。

「依存症」を辞書で調べてみると、「人は人に依存し、その依存を」「きちんと受け止めてもらえないと、ものに依存するようになり、依存したものから受ける喜びにひたりきる」のだという（小学館『日本大百科全書』より）。うーん。そんなに単純な話ではないと思いたいのだが、心当たりはないわけではないのが実に悔しい。

II

先日、知り合いの先生から読書教育について相談を受けたことがあった。小学生の娘さんが「本ばっかり読んでいる」「食事中も本を読もうとする」「もっと外で友だちと遊んでほしい」らしく、「本を読まないようにする教育法ってあるの？」という相談であった。

読書指導の専門書を調べてみたが、古い本に「おませ読み」とか「読書異常」という言葉は出てきても、対処法までは十分に（科学的には）書かれていない。これもちょっとした依存症だとすると、「親の愛情が足りないから読書に依存している？」とちらっと思ったりもしたが、まさかそんなことを目の前の先生に言えるはずもない。

結局はちゃんとしたアドバイスはできなかったのだが、しばらくたってから数年前に読んだある記事のことをふっと思い出した。

全国学校図書館協議会の月刊誌『学校図書館』のなかで慶應義塾大学の鹿毛雅治先生が紹介されていた「報酬は人のやる気を低下させる」という例え話である。*

左の話は、鹿毛先生が記事のなかで紹介されていた「ユダヤ人の賢い洋服屋」という話を現代風に少しアレンジしたものである。こうした寓話は人間の心理を紹介するのによく用いられるエピソードなのだそうだ。なぜコンビニの前でたむろしていた少年たちは三日後に姿を消したのか。ページを読み進める前に読者の皆さまも少し考えてみてほしい。

❶あるコンビニの前で、歌ったり、お酒を飲んだりして騒いでいる少年たちがいます。少年たちはとても楽しそうですが、コンビニ側はほかのお客様の迷惑なのでいつも困っていました。

❷新しくやってきたアルバイト店員はとても賢い人物だったので、彼らをお店の前から追い出すよい方法を思いつきました。

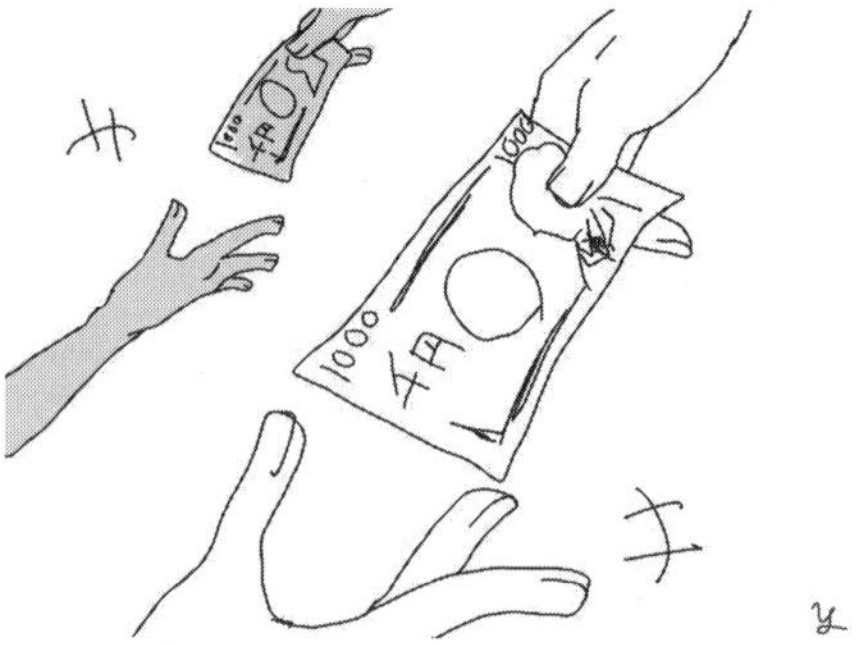

❸アルバイト店員は、散々騒いで、その場を散らかして帰ろうとする少年達に、「今日もよく騒いでくれました。これはそのお礼です」と言って、1人1000円ずつ手渡しました。

❹店長はその様子を見てびっくり仰天。しかし、わずか3日後にはコンビニの前に少年たちの姿は見えなくなっていました。

なぜ少年たちはコンビニの前から姿を消したのだろうか？

実は、この頭のいいアルバイト店員は、一日目は確かに一〇〇〇円払ったのだが、二日目は「お金があまりないので、今日は五〇〇円で勘弁してください。明日もまた来てください」と言って、渡すお金を減らしていたのである。そして、三日目には「今日は一〇〇円で勘弁してください」というようにさらに金額を減らしてしまう。そうすると少年たちは「こんなはした金で騒いでなんかやるもんか」と言って二度と来なくなった、というオチである。

そもそも、少年たちはお金なんかもらわなくてもコンビニの前で楽しく騒いでいたはずである。しかし、騒いでいる行為に対して、物的な報酬を渡してほめるようになると、その報酬が十分に得られなくなった瞬間に行動の価値が失われ、本来は報酬がなくても楽しんでいたはずのことを楽しめなくなってしまう。つまり、「人は報酬が約束されると、それを目的として行為するようになり、その報酬システムが消失すると同時に、やる気がうせてしまう」のである。まさに「(物的な)報酬は人のやる気(内発的動機づけ)を低下させる」のである。

現代の学校教育では意図的に読まない子どもを育てることはしないと思うが、この理論と似たようなことを無意識にやっているようにも感じてしまう。いわゆる「多読賞」である。小中学校では本をたくさん読む子どもに賞状や図書カードを与えるイベントがよく行われており、学校図書館も貸出記録(冊数)の提供という形でそれにかかわっていることも多い。「読書通帳」が登場したせいか、驚くべきことに公共図書館でも子ども向けに表彰式を行っていたりする。

この例え話を当てはめれば、多読賞には、読むのが嫌いな子どもには読書に親しませるうえで一定の効果があるとしても、もともと読むのが好きな子どもにはマイナスの効果を与える可能性も否定できない。多読賞は一生もらい続けられるものではない。高校の図書館では、一年生が入学してくると必ずと言っていいほど「多読賞ってないんですか?」と質問されるという。そして、学校司書が「ない」と伝えるとがっかりして生徒が帰っていくという話をよく耳にする。高校生になると貸出冊数が下がるのは案外こうしたことも影響しているのではないかと思ったりもする。

III

NHKのドキュメンタリー番組で「ドキュメント72時間」という番組が毎週金曜日二三時から放送されている。梅雨時のコインランドリー、大病院のなかのコンビニ、大阪・釜ヶ崎の貸しロッカー、巨大シェアハウス、新宿二丁目の喫茶店などなど、ある場所を決めて、七二時間だけカメラを回し続けることで見えてくる人間ドラマを紹介した、「定点観測ドキュメンタリー」である。

いつか「図書館」が舞台にならないかなと楽しみにしているのだけど、私が知るかぎりではまだ放送はない。そのかわりに、というわけではないが、二〇一三年末に「巨大書店・活字の森の歩き方」という回があった。

舞台は新宿の紀伊國屋書店である。書店も図書館も「本を読む」という意味では共通である。現代人が本に求めている何かが見えてくるのではないか、と放送当日を楽しみにしていたのだが、図書館と書店、重なるようで重ならないもどかしさを感じてしまう場面が多かった。

印象に残ったのは撮影終了前にインタビューに答えた男性客である。年齢は三三歳。これまでろくな人生を送ってなかった。ギャンブルに依存したこともあった。いま失業中である。ずっと本を避けて暮らしてきたけど、生き方を変えようと本を手に取り始めた。正直、懐が厳しい。本を買ってる場合じゃないと思う。でも、お金はないけどそういう知識だけは豊富にしておこう、いつかどこかでそれが生きるような気がする……、とナレーションが彼の心を代弁する。

図書館には知識をえる本も、ギャンブル依存症から立ち直る本もある。こういう人ほど図書館に来てほしいともどかしく感じながら番組を見ていたのだが、彼が最後にふっと口にした一言でモヤモヤが晴れた。

「くだらないことに使う前に本を」

彼は図書館では満たされない何かを書店に求めているのだろう。本を買うことと借りることは根本的に違うのだということに気づかされた瞬間であった。

ということで、今月も無事に連載記事を締め切りまでに書けたのである。

「㊉連載記事を書く」

＊鹿毛雅治「『報酬』と『やる気』（教育時評　七六）」『学校図書館』二〇〇五・二　五〇〜五一頁

ガンになった父を図書館に連れていく

教科書的にはいかない医療健康情報サービス

I

私が住んでいる沖縄には、本島にも離島にも電車が一本も走っていない。モノレールはあるのだけど、観光客向けに作られたものだから、那覇空港から首里城までのごく狭い範囲を、乗用車と同じくらいの速さでのんびりとしか走っていない。JRも私鉄も、地下鉄も路面電車もない。

戦前には、那覇を中心に嘉手納や与那原、糸満、那覇港まで広がる鉄道があったらしいが、沖縄戦で破壊され、営業が再開されることなくいまに至る。*「沖縄には公共事業でジャブジャブと税金が使われている」なんて言われているけど、本土の人が当たり前に使っている基本的なインフラがまだまだないのである。

出張で本土に行って、電車に乗ってびっくりするのは、乗客みんながうつむいて黙々と携帯電話（スマートフォン）をいじっていることである。私のように文庫本をもって読書をしている人なんてまずいない。週刊誌やマンガを読んでいる人もいない。音楽を聴いている人も少ない。老若男女、みんなそうである。

それでも、メールだったり、ホームページだったり、文字を読んでいることには変わりはないのだから……と、図書館人としてはなんとか平静を保っていたのだけど、最近になって、彼らがメールすらしていないことに気がついた。彼らはみんな「ゲーム」をしているのである。

本土に住んでいる人からしたら、こんな当たり前のことに一〇行近くも使って何をダラダラと……、しかも傍点まで使って強調してるし……、と叱られそうだが、沖縄生活が長い私は図書館の未来を思って、やっぱり暗澹たる気持ちになってしまう。

II

どのパソコンにも、どのスマホにも入っているゲームに、「ソリティア」というのがある。一セットのトランプをキングからエースまで、同じマークだったり、黒と赤のカードを交互に並べかえていったりする一人遊びのカードゲームである。暗澹たる気持ちになる、と偉そうに書きつつも、気がつくと私もこのゲームで時間をつぶしているようになってしまった。

理由は、父がガンになったからである。

私の父は、昭和二六年に熊本の山奥の貧しい農家に生まれた。

中学校を卒業してすぐに集団就職で地元を離れて、新幹線やブルートレインの列車食堂で働くようになった。仕事をしながら調理師免許を取って、二〇歳で子どもが生まれ、若くして自分の店も持ったが、数年で借金がかさんで手放し、その後は、夜逃げ同然で身を寄せた遠縁の親戚の洋食屋を手伝うようになった。年中無休、朝から晩まで働いても、親族経営の店だから、給料は高くない。いよいよ経営が危なくなって店を閉じるまでの三年ほどは無給だった月も多かったらしい。

義理堅く閉店を見届けてから、父は自宅の近くのホテルで一日数時間のアルバイトを始めた。朝から晩まで働いていたころよりもはるかに高い給料がもらえたことに複雑な顔をしていたが、給与の振り込みのために初めて自分名義の銀行口座とキャッシュカードを作ったと言って喜んでいた。それまで自分の財布も持っていなかったような人である。子どもにも手がかからなくなった。ありきたりだけど、「第二の人生が始まる」、そんな矢先の肝臓ガンである。

入院する前の日、実家に戻っていた私は、父と一緒に近くの公共図書館へ行った。ちょうど、前期に担当していた「図書館サービス概論」という授業で、「健康医療情報コーナー」や「闘病記コーナー」「ガンコーナー」の話をしていたところだったので、散歩のついでに父もそんな本を読みたいだろうと思って立ち寄ることにしたのである。

その図書館には医療関係の本のコーナーがあり、肝臓ガンの本も多い。しかし、どんなにうながしても父はガンの本を手に取ろうとはしない。じゃあ、闘病記はどうだろうと勧めてみたけど、「いいよ、そんなの」と言って早く帰りたそうである。結局、父が図書館でやったことは、料理本の棚の前で、メロンの飾り切りの方法を調べて、「なるほど」と感心したくらいである。入院前にアルバイト先には長期の休業を伝えていたが、「いつでも戻ってきていいよ」と退職扱いにしなかったのは、職場の温情にすぎない。職場に復帰できる可能性は低いのに、父がいま考えたいのは復帰後のことで、ガンのことではない。

父のガンが発覚した時期はちょうど、芸能人がガンになったという報道が続いている時期であった。有名な女優さんが、父と同じ肝臓のガンで亡くなったりもしたため、テレビではその話題で持ちきりである。手術前の患者にとって、こういう報道は相当にこたえるのだろう。テレビを消して、父はスマホをいじりはじめる。よく見たら楽しそうにソリティアをやっている。転職祝いにスマホを買ってあげたのに、いつも自宅に置きっぱなしで出かけるから、解約しようかとも話していたのだが、入院前に何度も通った大腸検査などの待ち時間で覚えたらしい。思わぬところで思わぬものが役に立つものである。

手術後の三日ほどはとにかく痛みとの闘いが続く。「痛みは日にち薬ですからねぇ」という看護師さんの言葉だけを励ましに、時間がすぎるのを待つ時期も、父の時間つぶしはソリティアであった。父のスマホには将棋ゲームも入っているのだが、ソリティアは運の要素も強いから、上達しそうで上達しないところが面白いらしい。病室で父の世話をしながら、私もついつい父のスマホを借りて遊んでしまう。テレビや読書と違って、ゲームは熱中していても、ぼんやりしていても、とにかく他のことは考えずにすむ。そんなところも闘病中にはいいのかもしれない、と思ったりもした。

III

ガンを知るための情報はネットにも無数にある。父のスマホでも見ることができる。しかし、家族でさえ、ネットを検索してすぐに出てくる「肝臓ガンのステージ〇の五年生存率は〇%」「手術に成功しても八〇%は五年以内に再発する」といった情報には息がつまってしまう。五年生存率が三〇%なら七割のガン患者は確実に死亡する、そんなに単純な意味ではないと思いたいが、それ以上詳しい解説はなかなか見つからない。父はスマホでこの情報を見ていたのだろうか。

退院後、母に聞いた話では、手術前に父は「たぶんガンだと思うが、切ってみないと一〇〇%はわからない」と医師から言われていたそうだ。ずいぶん簡単に本人に宣告をするのだなぁと思っていたのだけど、いまはそんなふうに言って患者を励ますのだろう。術後の病理検査の後、「ガンはきれいに取れました」と説明を受けたが、手術の成功を喜ぶ家族のかたわらで、父はガンの確定にひそかにショックを受けたていたらしい。わざわざ手術をするくらいだからそりゃガンだろうと言いたいが、当事者はそうは思わない。図書館に連れて行ったのはずいぶんデリカシーがなかったのだなぁと反省する反面、父がショックを受けたということは、スマホでゲームしかしていないように見えて、やはり同じようなページで情報を得ていたのだろう、とも思う。

インターネットでむき出しの情報を目にするよりは、図書館に行って前向きになれるような情報を得てほしいのだが、父は退院後も自宅でのんびりとソリティアで時間をつぶしている。医療健康情報コーナーは、患者を支える家族も対象としていると聞くが、私自身も看病中のようには時間がとれなくなってしまった。家計を支えることになった母も仕事で忙しい。教科書的にはなかなかいかない。それでも来年の授業では、もっと深い話ができそうな気がしている。

＊ 沖縄大百科事典刊行事務局編『沖縄大百科事典』上巻　沖縄タイムス社　一九八三　四六二頁
大正三年からは那覇～首里間で電車も走っていたが、昭和八年に経営不振により運行が廃止されている（前掲書　中八六三頁）。

本の値段がどんどん上がる

『亞書』と文庫本をめぐるミステリー？

I

この原稿は二〇一五年の一二月の終わりに書いている。今年の図書館関係のニュースでいちばん驚いたのは「国会図書館、謎本に一三六万円、納本詐欺疑惑」である。

「りすの書房」という個人経営の出版社が、一冊六万五千円近くする『亞書 Книга "ℵ"』と題するハードカバー本を国立国会図書館に納本し、国立国会図書館法二五条に基づいて定価の半額の代償金が支払われていた、という問題である。

一冊六万円くらいする本はそれほど珍しくはないのだけど、『亞書』の場合は、ギリシア文字とローマ文字が羅列されているだけで内容自体には何の意味もなく、さらに全一三二巻の刊行を予定していて、これまでに九六巻が刊行されている。国会図書館がりすの書房に支払った代償金は、納本された『亞書』七六巻のうち四二冊分、一三六万円にも上るといい、[1]法定納本制度を悪用した新手の詐欺では？と大きく報じられたのである。[2]

報道によると、出版社の代表であり、『亞書』の作者でもある男性は、一冊制作するのに「三万円強」かかっており、出版業を始めてから三年間に出した本の「コストは（人件費八〇〇万円を含めて）一五〇〇万円」にものぼるから、代償金をもらっても「完全に赤字」と主張しているらしい。

確かに、報道で『亞書』の写真を見るかぎりはハードカバーでしっかりと製本されているし、ISBNも取得しているという。以前、地元の印刷所に依頼して本を作った時に、私もＩＳＢＮの取得費用として三万円（手数料こみ）くらい支払った記憶がある。人件費の話はさておき、製本作業も手作業でやっているそうだから、作者が言うように、一定のコストはかかっているのだろう。

もちろん、作者自身が『亞書』は本ではなく、「美術品」「工芸品」と言っているそうだから、国会図書館が代償金を払ってまで収集すべき資料かどうかは議論があってもよいと思う。それでも、「代償金目当ての詐欺事件！」と断言してしまうのも、この出来事を単純化しすぎている気がしてしまう。

りすの書房の本は『亞書』のほかにも国会図書館にすでに二〇〇冊以上納本されているが、その全部が高額なわけではない。例えば、一一二ページの本が二四〇〇円（『岩井悦子詩集』）だったり、一〇八ページの本が六〇〇円（『御山のきつね』）だったりして、どちらもＩＳＢＮを取得している。なかには四ページしかない四七六円の『ウルトラ飛んで　宇宙旅行』という本もあって[3]、恐るおそるＡｍａｚｏｎで買ってみると、子どもが鉛筆でお絵かきしたようなイラストを四枚載せただけなのに、ＩＳＢＮもちゃんとついている。なんだこれ。調べれば調べるほど、謎は深まるばかりで、なんだか背筋に冷たいものさえ感じてしまう。そして、ちょっと不謹慎だけど、ミステリー好きにはたまらない展開である。

III

勤務大学の図書館学の授業でも、「本の値段の不思議」について話すことがある。学生が知っているハードカバー本といえば、『図書館戦争』や『ハリー・ポッター』といった小説本で、だいたい一五〇〇円から二〇〇〇円くらいで買うことができる。しかし、学術書によっては同じような大きさ、ページ数のハードカバー本で一万円以上するものもざらにある。物としての原材料費はそんなに変わらないのに、この値段の違ってなんだろうね、という話である。

もちろん、『図書館戦争』は難しい学術書よりもたくさん売れるから、そんなに高い値段を設定しなくてもコスト的には安い値段でもペイするのだろう、ということは学生たちでもなんとなくは予想できる。しかし、ふつうの商品であれば（市場原理が働けば）、たくさん売れるものは値段が上がって、売れないものは値段が下がるはずである。本の場合は売れるものほど値段が安くて、売れないものほど高いのはなぜだろう。もっと言うと、書店に並んでいる本の多くは東京にある出版社が作っているのに、東京で買っても、遠く離れた沖縄で買っても値段が同じになるのもよく考えたら不思議だよね。ふつうの商品なら輸送コストがかかる分、値段は高くなりそうなのに、本の値段は日本全国どこでもいっしょ。でもいまの話はちょっと嘘で、実は私たちが住んでいる沖縄では送料分が書籍に上乗せされて、本土より高い値段で売られていた時代もあったんだよね。なぜなら、一九七二年五月一四日までは沖縄は日本じゃなかったから。では、沖縄の人たちが本土の人たちと同じ値段で本を買えるのはどんな理由があって、どんな意義があるのかな。

授業ではこんな話を枕にして、「再販売価格維持制度」や「委託販売制度（返品制）」のことを説明していくと、珍しく学生も身を乗り出して私の話を聞いてくれるのである。

III

本の値段といえば、先日、本屋に行ってびっくりしたことがあった。年末年始の休みを利用して、ふだんは忙しくて読めない本格ミステリーでもゆっくり読もうかと思って、ハードカバーは高いから文庫本でも……、と手に取った竹本健治の『匣の中の失楽』（講談社文庫）が、なんと税込みで「一五六六円」もするのである。近くに平置きされていた米澤穂信の『王とサーカス』（東京創元社）という最新ミステリーのハードカバー本は「一八三六円」である。

私の記憶だと文庫本は高くても五〇〇円くらいだったはず。もちろん『匣の中の失楽』は八二九ページもあってかなり分厚いのだけど、それにしても文庫本で一五〇〇円越えはないでしょう、と唖然としてしまったのである。

どうしても読みたかったので泣く泣く購入したものの、あまりにも衝撃を受けたので、急いで自宅に帰って、私が学生時代に買って今も手元に残している文庫本で刷を重ねているものを調べてみることにした。あぁ、私の粘着気質と読書の趣味がばれてしまう……と思いつつ紹介すると、手元にある倉橋由美子の『聖少女』（新潮文庫）は一九九二年に「三六〇円」だったのに、Ａｍａｚｏｎでは「五六二円」もする。向田邦子の『眠る盃』も一九九二年までは「三八〇円」（講談社文庫）だったのに、最近出た同じ文庫の新装版は「六九一円」と、倍近くも値段が上がっている。この他にも、

1,566 円の文庫本と 1,836 円のハードカバー本

丸谷才一『忠臣蔵とは何か』（講談社文芸文庫）　五六〇円（一九八八年一刷）⇒一〇五八円（一・八九倍）

島尾敏夫『死の棘』（新潮文庫）　六〇〇円（一九九一年二六刷）⇒九〇七円（一・五一倍）

伊集院静『受け月』（文春文庫）　四五〇円（一九九五年一刷）⇒五六二円（一・二四倍）

という具合である。

こうして比較してみると、文春文庫の値上がり率が良心的な気もするのだけど、手元にある文春文庫がほとんど絶版になっていて、現在

の価格を正確に調べられなかったことも付記するべきだろう。例えば、連城三紀彦の『私という名の変奏曲』は新潮文庫で一九九一年に出たときは四〇〇円だったのに、二〇一四年に文春文庫から再出版された際には七五六円に値上がりしている。これも一・八九倍になっている。

不思議なのは、文庫価格の青天井の高騰ぶりに比べて、ハードカバー本はここまでは値上がりしていないような気がすることである。試しに、同じミステリーのハードカバー本で調べてみると、一九九六年に出版された『凍える牙』（乃南アサ　新潮社）は三八〇ページで一八〇〇円、二〇一五年の『王とサーカス』は四一三ページで一八三六円である。ページ数と消費増税分を考えると、むしろ値下がりしているような気もする。ハードカバーの値段がそんなに上がっていないということは、文庫本との値段差がどんどん小さくなっているということでもある。

これも手元にある作品で調べてみると、宮部みゆきの『ソロモンの偽証』はハードカバー本だと全三冊で「五八三二円」だったのが、二年後に出た文庫本は六冊に小分けされていて（活字も妙に大きい）、合計で「五〇〇〇円」もする。ちょっと古いけど、同じく宮部みゆきの『模倣犯』（二〇〇一年）のハードカバー本は全二冊で「四一〇四円」で今でも購入できるのに、文庫本は全五冊で「三九八二円」まで高騰を続けている。その差わずか一二二円。このまま文庫本価格がインフレを続けると、そう近くないうちにハードカバーの値段を抜き去ってしまうのではないかと不安になってくる。

消費税が上がったといっても、給料は下がり続けていると言うし、消費者物価指数も一九九〇年以降ほとんど変動がないどころか、つい最近まで「デフレ」が問題視されていたはずである。一〇〇円ショップができて、プライベートブランドができて、物がどんどん安くなっているなかで、戦後、一度も値段が下がっていないのは文庫本くらいじゃないだろうか、とさえ思えてくる。読書人口が減少するなかで、なんとか売上を維持するために、一冊あたりの単価を上げ続けないといけないのかな？　とも考えてみたのだが、ハードカバーの価格がすえ置きなのがよくわからない。

なぜ文庫本だけが異常にインフレしているのかな。「本の値段」はやっぱり不思議である。

1　りすの書房は二〇一三年から国会図書館への納本を始めており、二〇一五年一二月二八日までに『亞書』を含めて二四七タイトルが納本されている。「国会図書館はこの出版社に六〇〇万円以上を支払った」と報じられている。（「ふとどき者ほどよく眠る　国会図書館をカモにできると思いついた『二六歳社長』のご口上」『週刊新潮』二〇一五・一一・二六　四四～四五頁）

2　「謎の書、『代償』一三六万円　国会図書館、納本の発行者へ」『朝日新聞』二〇一五・一一・一　朝刊三八面、「ＴＨＩＳ ＷＥＥＫ 新聞不信　ネット発『納本騒動』を考える」『週刊文春』二〇一五・一一・一　五二頁

3　『ウルトラ飛んで　宇宙旅行』は、Ａｍａｚｏｎでは「五〇〇円」で販売され、国立国会図書館サーチでは「価四七六円」と表示されるが（二〇一五年一二月二九日時点）、資料本体には「定価（本体三五〇円＋税）」と記載されている。

あとがき

五年とちょっと続いた『みんなの図書館』の連載エッセイが終了し、この本の出版の話をいただいたころ、巷ではあるテレビコメンテーターの経歴詐称が騒動になった。

胸が、ぎゅうと締めつけられるような気持ちになった。

と書くと、なんだか私も経歴詐称をしているように聞こえるのだが、詐称はしていないまでも、私も自分の学歴に自信が持てなくて、出身大学を自分から話すことはほとんどない。学歴の話になると、「図書館学を勉強するようになったのは大学院からで……」とごまかしたり、あ、この話の流れだと出身大学の話になりそうだぞ、と察知すると、「あ、このネクタイいいですね」「あ、肩にゴミが……」と話をそらしてみたりする。

分不相応な場所に流れ着き、自分の居場所が確かにここだと実感できないまま、後ろめたさに脅かされる日々。かのコメンテーターさんもそんな感じだったのではないだろうか、と勝手に想像して、同情したりする。

私が大学の専任講師になったのは二五歳の時であった。同期で大学に着任した先生はみな四〇代、五〇代で、学校の教師を長く勤めた方や、博士課程を終えた立派な研究者ばかりである。沖縄問題への意識も高い。ふつうに考えれば、修士論文を一つ書いただけの、図書館に司書として一年勤めただけの、なんの研究業績もキャリアもない若造が大学教員になれるはずがない。後から聞いた話だが、私があまりにも若すぎるので、学内での選考当初は「助手でもいいのでは?」という話もあったそうだ。相当な無理を各方面に押しつけて、大学の先生にしてもらったこともよくわからないまま、誰に感謝をすることもなく、私はなんとなく沖縄に来てしまっていた。

どういう経緯でそんな話になったのかわからないのだが、大学の専任講師になって一年たったころ、同じ学部のベテランの先生に「君なんか別に（この大学に）来てもらわなくてもよかったんだよ」と突然、冷たく言われたことがあった。同じころ、大学院時代に指導教官だった先生に学会でお会いした時に、「山口は修士論文だけで終わりか」と叱られたこともあった（酔っぱらっているのを介抱してあげたのに……）。なんの苦労もしないで大学教員になって、その後もそれなりに高い給料をもらってのうのうと暮らしていることが誰かを怒らせたり、傷つけたり、悲しませたりすることがあるのだとその時初めてわかった。なによりも、そんなふうに周りから思われているることが、悔しかった。

それから、大学の授業も、研究も、誰もやりたがらない学内の雑用も頑張った。学歴も業績もキャリアもないまま、運だけで大学教員になった分、他の先生たちに追いつくためには、二倍、三倍、それ以上働かないといけないのだとだんだんとわかってきた。研究室には朝から晩まで、泊まり込んで仕事をすることも多かった。

そんな生活を一〇年ほど続けた。講師から准教授に昇進した際、かのベテランの先生も、指導教官の先生も自分のことのようにとても喜んでくださった。少しは大学の先生らしくなったかなと思ったころに、ご褒美のように、『みんなの図書館』の連載の話をいただいた。

県外の学会などに行って、「沖縄から来ました」と自己紹介をすると、「いつでもきれいな海に行けていいですね」とうらやましがられてしまう。でも、研究室に泊まりこんでいるような生活を続けていた私は、海に遊びに行ったことなんてただの一度もなかった。

専任講師から准教授になって、もうそろそろいいかな……と思って、沖縄の海を解禁しようと思ったことがある。海に行くには一人じゃだめだから、恋人もつくることにした。沖縄の離島の一つである渡嘉敷島に泊りがけで遊びにいくことに決めて、数日前から、リュックサックに、水着やらゴーグルやら花火やらタオルやら、遊び道具をパンパンにつめて準備した。出発当日、「あぁ、調子に乗って荷物を増やしすぎたなぁ」と思いながらリュックを背負ったら、びっくりするくらい荷物が軽かった。

仕事の出張の時は、分厚い本やら書類やらノートパソコンを鞄に詰めて持ち歩いている。それと比べたら、タオルや花火をいくらつめてもそんなに重くはならないことに、その時初めて気がついた。とたんに浮かれた気持ちがさめてしまった。相手にはすごく悪いことをしたが、離島行きはキャンセルした。ちょうどこのエッセイの連載が始まって半年くらいしたころのことである。


自分へのご褒美はこのエッセイの連載で十分。そんなふうに思って書き続けた五年間のノートをこうして一冊にまとめていただき、編集部はじめ各方面の皆さまには感謝してもしきれない。

こんな変な「あとがき」がこの本に必要なのかわからないけれど、原稿を読み直しながら、いろいろな思いがあふれてきて書いてしまった。本が出せるなんて、これ以上ないくらいのご褒美である。まだまだ沖縄の海には行けそうにない。

山口真也（やまぐち・しんや）

1974年、鹿児島県生まれ。

1998年3月、図書館情報大学大学院修士課程図書館情報学研究科修了。

1998年4月、東京家政学院筑波女子大学図書館司書（1999年3月まで）。

1999年4月、沖縄国際大学専任講師、2003年4月、同大学助教授、2007年4月、同大学准教授、2013年4月、同大学教授。

2014年度より日本図書館協会図書館の自由委員会委員を務める。

図書館ノート　沖縄から「図書館の自由」を考える

2016年8月5日　第1刷発行©
2017年3月5日　第2刷発行

著　者　山口真也
発行者　駒木明仁
発　行　株式会社 教育史料出版会
〒101-0065　千代田区西神田2-4-6
☎03-5211-7175　FAX 03-5211-0099
郵便振替　00120-2-79022
http://www.kyouikushiryo.com

デザイン　中野多恵子
印　刷　平河工業社
製　本　三森製本

定価はカバーに表示してあります。

落丁本・乱丁本はお取り替えいたします。

ISBN978-4-87652-538-6 C0036

本書は、沖縄国際大学研究成果刊行奨励費の助成を受けて出版された。